区域国别研究·**通识系列**

中国（昆明）南亚东南亚研究院

李 鑫 等——编著

肯尼亚

赤道与裂谷交织的奇妙之地

*K*ENYA

A Marvelous Land Where
the Equator and
the Great Rift Valley Interweave

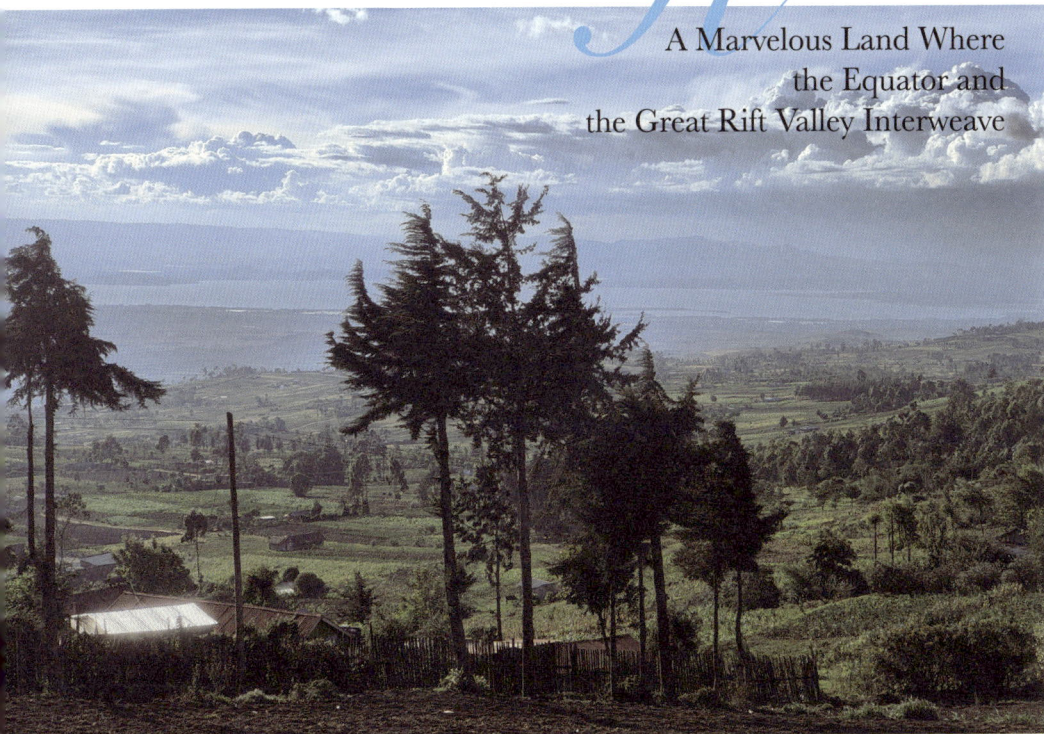

社会科学文献出版社
SOCIAL SCIENCES ACADEMIC PRESS (CHINA)

蒙巴萨的耶稣堡

马林迪镇附近的格德遗址

拉穆岛的拉穆镇

穿越内罗毕国家公园的蒙内铁路 （朱新福 摄）

位于内罗毕的议会大楼 （朱新福 摄）

纳库鲁周边一景 （朱新福 摄）

内罗毕国家公园里的犀牛 （朱新福 摄）

内罗毕国家公园中鸵鸟与羚羊共栖 （朱新福 摄）

纳库鲁湖国家公园的火烈鸟

传统桑布鲁妇女

马赛勇士

携手周边国家　共创美好未来

当前，百年变局向纵深演进，世界进入新的变革期，世界之变、时代之变、历史之变正以前所未有的方式展开，不确定、不稳定、难预料因素增多。面对波谲云诡的国际形势、错综复杂的周边环境、艰巨繁重的改革发展稳定任务，不断提高知外能力，准确认识世界发展大势，正确把握中国发展新的历史方位，科学研判世界形势变化和人类社会发展规律，是营造中国式现代化建设良好外部环境和推动构建人类命运共同体的迫切需要。

纵观人类历史，世界发展从来都是各种矛盾相互交织、相互作用的综合结果。习近平总书记指出，"认识世界发展大势，跟上时代潮流，是一个极为重要并且常做常新的课题"。加强面向南亚东南亚和环印度洋地区的区域国别研究，特别是深化对该地区国家的基础研究、战略研究和应用研究，深化对该地区不同国家的政治、经济、文化、社会、军事、人文、地理、资源等的全面研究，是贯彻落实习近平外交思想，为国家发展提供智力支持、为对外工作提供有力支撑、为经济社会发展提供咨询建议、为世界和平发展与全球治理体系完善提供公共产品的重要举措，对于推动中国与南亚东南亚和环印度洋地区文明交流互鉴、活跃民间交往、促进友好往来、推动政治互信、加强经济合作共赢、构建中国与南亚东南亚和环印度洋地区命运共同体等，都具有重大现实意义。

我国幅员辽阔、边界线长，周边是实现发展繁荣的重要基础、维护国家安全的重点、运筹外交全局的首要、推动构建人类命运共同体的关键。南亚东南亚国家和环印度洋地区是我国重要的周边国家和地区，是建设周边命运共同体的重中之重的国家和地区。习近平总书记强调，"要聚焦构建周边命运共同体，努力开创周边工作新局面"。我们要以全球视野审视南亚东南亚和环印度洋地区，以习近平新时代中国特色社会主义思想，特别是习近平外交思想为指导，高举人类命运共同体旗帜，紧扣党和国家工作大局和中心任务，统筹好中国面向南亚东南亚和环印度洋地区的国内国际两个大局、协调好发展安全两件大事，建设好和平、安宁、繁荣、美丽、友好"五大家园"，坚持与邻为善、以邻为伴，坚持睦邻、安邻、富邻，弘扬以和平、合作、包容、融合为核心的亚洲价值观，推进高质量共建"一带一路"，捍卫好安危与共、求同存异、对话协商的亚洲安全模式，携手南亚东南亚国家和环印度洋地区共创美好未来。

中国（昆明）南亚东南亚研究院是我国区域国别研究领域的新型智库。下设东南亚研究所、南亚研究所、印度研究所、孟加拉国研究所、越南研究所、老挝研究所、缅甸研究所、泰国研究所等，还设有巴基斯坦研究中心、柬埔寨研究中心、云南省南亚东南亚区域国际传播研究所等研究平台，主办《云南社会科学》《南亚东南亚研究》学术期刊和《华夏地理》杂志。建院以来，中国（昆明）南亚东南亚研究院在孟中印缅经济走廊建设、中南半岛经济走廊建设等领域形成了一大批在国内外有重要影响的研究成果，打造了"中国-南亚东南亚智库论坛""中缅智库高端论坛"等系列双多边智库交流品牌。

为了深入学习贯彻习近平外交思想、中央周边工作会议精神和习近平总书记考察云南重要讲话重要指示精神，加强面向南亚东南亚和环印度洋地区的区域国别基础研究，更好地为党和国家推进中国面向西南开放的大局服务，加快推进专门研究南亚东南亚和环印度洋地区的新型智库建设，中国（昆明）南亚东南亚研究院组织编撰"区域国别研究·通识系列"丛书，涵盖南亚东南亚及环印度洋地区相关主要国家，旨在为读者提供一套专门面向南亚东南亚和环印度洋地区的资料翔实、信息准确、通俗易懂的图书，提供一套让读者认识、了解、走近和热爱南亚东南亚和环印度洋地区国家的案头必备之书，为促进中国与南亚东南亚和环印度洋地区文明交流互鉴作好桥梁和纽带，是为序。

中国（昆明）南亚东南亚研究院

2025 年 4 月

目　录

前　言　　　　　　　　　　　　　　　　　　　　　　　　1

第一章　赤道上的"东非十字架"　　　　　　　　　　　　1
　　第一节　非洲东部一颗星　　　　　　　　　　　　　　1
　　第二节　大裂谷谱写"冰与火之歌"　　　　　　　　　3
　　第三节　尼罗河之源，咸水湖之最　　　　　　　　　　7
　　第四节　草原上的欢乐谷　　　　　　　　　　　　　　12
　　第五节　丰富的自然资源禀赋　　　　　　　　　　　　16

第二章　多姿多样的区域风采　　　　　　　　　　　　　22
　　第一节　简单明了的两级行政区划　　　　　　　　　　22
　　第二节　动物相伴的首都内罗毕　　　　　　　　　　　24
　　第三节　历史悠久的海港蒙巴萨　　　　　　　　　　　30
　　第四节　物产丰饶的西部农业重镇　　　　　　　　　　35
　　第五节　湖光醉人的高原之地纳库鲁　　　　　　　　　39

第三章　走向独立的历史进程　　　　　　　　　　　　　43
　　第一节　人类从这里起源　　　　　　　　　　　　　　43
　　第二节　远洋贸易加速文化交融　　　　　　　　　　　46
　　第三节　殖民时代开启，正式得名"肯尼亚"　　　　　51
　　第四节　不畏艰险求独立　　　　　　　　　　　　　　55

第四章 多族群共建和谐家园 61

第一节 潜力无限的人口结构 61

第二节 热闹都市与寂静乡野 65

第三节 44个部族的独特密码 68

第四节 宗教与文化的多元融合 72

第五节 斯瓦希里语是国语 75

第五章 独具一格的总统内阁制 78

第一节 政党众多，分化重组是常态 78

第二节 三权分立，总统大权在握 81

第三节 中央有内阁，地方靠两套班子 84

第四节 两大政治家族——肯雅塔和奥廷加 88

第六章 东非经济领头羊 93

第一节 东非最大经济体 93

第二节 农业三支柱：茶叶、鲜花和咖啡 97

第三节 服务业贡献最大 102

第四节 投资肯尼亚 107

第七章 非洲数字化领跑者 112

第一节 数字化建设布局较早 112

第二节 数字之路，由全球伙伴共建 117

第三节 数字支付弯道超车，缔造现实版"瓦坎达" 120

第八章 东非枢纽和门户 125

第一节 公路是主力，"搓板路"已成往事 125

第二节 乘坐火车看大象 127

第三节 机场非常多，直飞景点省时又省力 131

第四节 东非第一港，自古就很忙 133

第九章　教育优先，全民健康在路上　　136

　　第一节　投资教育，重视人才培养　　136

　　第二节　体育之邦，不只是"长跑王国"　　141

　　第三节　风雨砥砺健康路，希望在前方　　144

第十章　多元社会的多彩生活　　148

　　第一节　与自然共生的生活智慧　　148

　　第二节　传统与变革中的女性力量　　152

　　第三节　街头的鲜艳花纹彩裙　　155

　　第四节　城市的"乌加里"和牧区的肉　　157

　　第五节　充满异域风情的仪式和节庆　　160

第十一章　原生态与现代的美妙融合　　165

　　第一节　传统工艺古朴神秘　　165

　　第二节　热情舞蹈快乐旋律　　168

　　第三节　文学艺术诉说历史　　171

　　第四节　电影艺术蒸蒸日上　　175

第十二章　不结盟的"等距离"外交　　180

　　第一节　捍卫独立，睦邻友好　　180

　　第二节　广交朋友，广纳援助　　182

　　第三节　中肯友谊源远流长　　188

　　第四节　维护东非和平稳定的主力　　192

参考文献　　198

后　记　　202

前　言

　　肯尼亚位于非洲东部，有着丰富多样的地形地貌。正中，横贯东西的赤道和纵贯南北的东非大裂谷在此交错，缔造了巍峨的雪山和五光十色的湖泊，这里有赤道雪山的自然奇观，也有百万火烈鸟集结的壮观景象；向东，印度洋暖风徐徐，白沙滩温柔细腻，蓝天碧海和椰风海韵令人如痴如醉；往西，非洲最大的湖泊维多利亚湖波光粼粼，高原上则遍布茶园和农田；向北，沙漠原野之中暗藏着人类起源的秘密；往南，大草原生机勃勃，马赛马拉的"天国之渡"被誉为"人生50个必须见证的景观"之一……

　　这里是人类发源地之一，蕴藏着无数人类远祖的故事。在漫漫历史长河中，这片神奇土地许久都没有一个明确的地名和国家实体，只散落着一些部落和沿海城镇。在英国殖民时期，我们今天所认识的现代肯尼亚才基本成型，也被正式赋名"肯尼亚"。直到1963年独立，这里才正式开启共和国之路。如今，肯尼亚已经发展成为非洲政治经济版图中的绝对主力。

　　这里是非洲与外界接触的窗口，号称"非洲东大门"，也是东非的最大经济体和数字经济中心。古有阿拉伯人、印度人乘季风到此经商，形成印度洋贸易集散地，诞生"混血"文明斯瓦希里；现有众多国际机构在此落户，坐拥东非最大港，辐射非洲内陆。这里的茶叶、鲜花和咖啡享誉全球，是世界最大茶叶出口国之一，也是世界第四大鲜切花出口国。这里很早就实现了移动支付，数字化建设绝对领跑非洲。

肯尼亚政府将教育视为国家发展的关键领域，致力于提升国民教育水平，全国平均识字率在周边国家中处于领先地位。政府希望通过持续优化教育体系助力肯尼亚实现到2030年成为一个新兴工业化国家的宏伟目标。肯尼亚在医疗领域仍面临挑战，传染病及其并发症是导致死亡的主要原因。不过，肯尼亚政府正致力于通过一系列措施提升国民的健康水平，这也是肯尼亚"2030愿景"的关键组成部分。

肯尼亚有着百花齐放的文化。多族群、多文化交融共生是肯尼亚社会文化的底色。这里既有非洲土生土长的原始部落文化，也有阿拉伯人、印度人、中国人、欧洲人长期交流互鉴而形成的多元融合文化，还不乏与新兴科技接轨的现代城市文化。不同民族、不同信仰、不同国家的人都在其中演奏着自己的旋律，共同编织出肯尼亚丰富多彩的社会风貌。更为重要的是，肯尼亚的这种多元性不是文化孤立，而是相互包容，是一种在差异中寻求共识、在共识中尊重差异的生活哲学。

肯尼亚还以众多的野生动物而闻名遐迩，这里有着丰富的野生动物种群和辽阔的非洲草原。悠闲的狮子、成群的斑马、优雅的长颈鹿、跳跃的羚羊、稳重的犀牛、踱步的大象、飞驰的豹子、晒太阳的鳄鱼……你想见到的动物百态，在这里都能一览无余。

在国际上，肯尼亚奉行广交朋友的外交宗旨，和世界主要大国的关系都不错。从郑和下西洋算起，中肯友谊历史久远、积淀深厚，如今已经达到新的高度。肯尼亚不仅是共建"一带一路"的重要国家，还连接起中非之间的经济和文化交流。未来，中国和肯尼亚的友谊之花将继续灿烂绽放。

很多人对肯尼亚这个遥远国度的认知可能来自丹麦女作家凯

伦·布里克森的《走出非洲》一书及同名电影，来自《动物世界》中狂野奔放的大草原，也来自地理课本中浓墨重彩的东非大裂谷……我们对这个国家好像知道一点儿，又好像一无所知。那么，请随我一起走进真正的肯尼亚吧！

第一章　赤道上的"东非十字架"

在非洲东部，有一个国家被赤道横贯东西，又被东非大裂谷纵贯南北，有"东非十字架"之名，这个国家就是肯尼亚。这是一片神奇的土地，既有赤道雪山之奇观、高原绿林之丰饶，也有辽阔草原的狂野和浩瀚大海的壮丽。丰富多样的地形地貌诉说着这里的多姿多彩，总给人无尽的希冀；驰骋草原的雄狮、成群结队的斑马、悠然自得的象群，则展示着这片土地顽强的生命力。

第一节　非洲东部一颗星

肯尼亚的地形地貌非常丰富，山多、湖多，河也不少，囊括了非洲大陆几乎所有的地貌：高原、沙漠、森林、草原、湖泊、海岸，还有积雪的高山。如此丰富的地貌也给这里带来较大的气候差异：北部沙漠干燥炎热，东南沿海潮湿闷热，中西部高原则凉爽舒适，是"赤道上的避暑胜地"。

一　位于非洲东部

肯尼亚位于非洲东部，东邻索马里，南接坦桑尼亚，西连乌干达，北与埃塞俄比亚、南苏丹交界，东南濒临印度洋，海岸线长达536公里。肯尼亚的国土面积约58.3万平方公里，与法国的面积相当。有18%的土地适宜耕种，其余土地只适合发展畜牧业。肯尼亚的首都是内罗毕，第二大城市蒙巴萨自古便是非洲和印度洋沿岸的重要贸易集散地。

肯尼亚全境位于非洲的热带季风区，但受其地势较高的影响，主要为热带草原气候，降水季节差异大。这里有着明显的干湿两个季节，雨季一般在3—6月和10—12月，其余时间多为旱季。年降雨量自西南向东北由1500毫米递减至200毫米。在雨季，下午和晚间常常会下雨，大量的降雨将炎热的气息逐渐冲淡，空气湿度也会明显增加。而在旱季，肯尼亚高温干燥，白天阳光充足，紫外线直射在身上，令人炙热难耐。在海拔较高的地区，夜间则会比较凉爽，适宜出行。

二　多样化的地理特征

在此交错的东非大裂谷和赤道给肯尼亚带来了独特的地理特征和多样化的生态环境。其境内地形地貌复杂，沙漠、高原、草原、山地、平原一应俱全。中部高原地区气候凉爽，北部干旱多沙漠，西部丘陵纵横，南部草原广阔，东南沿海地势低平。肯尼亚河流、湖泊众多，最大的河流为塔纳河。

北部与东部拥有大片干旱灌木林、沙漠和火山岩，昼夜温差大，同一天的最高温度可能超过40摄氏度，最低温度可降至20摄氏度以下。北部沙漠因其壮观的自然景观而闻名，沙丘、岩石和沙质平原交错分布，形成了一个独特的沙漠生态系统。沙漠中的岩石高原由地壳运动和侵蚀作用形成，顶部平坦，边缘陡峭，被风沙侵蚀成各种奇特的形状。这一地区降水极少，一旦降雨，往往是暴雨。

相比于气候炎热的北部和东部地区，肯尼亚中部高原山高水秀、气候宜人、物产丰饶，处处绿意盎然。尤其是一些湖滨地带，宛如世外桃源，令人向往。当然，这里最引人入胜的当数南部热带草原地区，分布着多个享誉世界的国家公园，是观看野生动物的绝佳去处。例如，马赛马拉国家公园名气最大，这里有壮观的角马迁徙；安博塞利国家公园有"乞力马扎罗皇家庭院"之称，1000多头非洲象生活在这里；察沃国家公园有"非洲版侏罗纪公园"之名，它是全世界最大的野生动物保护地。

三 赤道上的避暑胜地

肯尼亚被称为"清凉非洲"，包括首都内罗毕在内的很多地方都属于高原地区，是赤道上的避暑胜地。

这里凉爽的气候主要归功于平均 1500 米的高海拔，且受到季风的影响，并不像赤道地区的其他国家那样闷热潮湿。总体上，这里气候相当宜人，白天会稍微热一点儿，但夜晚通常会有微风拂面，带来凉爽的空气，非常舒服，适宜旅行和避暑。

除了地势较高的高原地区，其他地区的气候则较为炎热。北部沙漠地区干燥，沿海地区则较为湿热。

第二节 大裂谷谱写"冰与火之歌"

东非大裂谷是肯尼亚的一张"名片"。在亲眼看到之前，很多人会觉得东非大裂谷里荒草漫漫、怪石嶙峋，狭长黑暗、阴森恐怖。其实，真实的东非大裂谷完全是另外一番景象：茂密的原始森林覆盖着连绵的山峰，翠绿的灌木丛散落分布，波光闪闪的裂谷湖泊点缀其间，山水之间，白云飘荡。裂谷底部，平平整整，物产丰美，生机盎然。

一 神奇的东非大裂谷

东非大裂谷，世界上最大的断层陷落带，被称为"地球表皮上的一条大伤痕"。肯尼亚被这条大裂谷纵贯南北，贯穿全境。大裂谷与横穿全国的赤道交叉，给这片神奇土地又增添了一抹亮色。

大裂谷分东、西两支，东支裂谷是主裂谷。东支南起莫桑比克的西雷河口，向北一直延伸至西亚的约旦河谷，全长约 6500 公里；西支南起马拉维湖西北端，经坦噶尼喀湖、蒙博托湖等，一直到苏丹境内的白尼罗河谷，全长1700多公里。裂谷在肯尼亚境内有800多公里，宽50—100公里，深450—1000米。裂谷两侧是峭壁悬崖，森林茂密，具有显著的裂谷地貌特征，是肯尼亚重要的游览区和野生动物保护区。① 大裂谷东边，从印度洋沿岸低矮潮热的平原往西地势渐渐升高，在首都内罗毕附近形成中部高原。内罗毕就坐落在裂谷南端的东"墙"上方。大裂谷至今仍在缓慢下沉和裂开，按照这种趋势，非洲东北部与红海在数百万年后将形成新的大洋。

因为别称是"地球的伤痕"，所以大裂谷给人的感觉往往是狭长的、伤感的，且阴郁荒凉。但实际上，东非大裂谷是世界上最生机勃勃的地方。这里高山戴雪，湖水荡漾，郁郁葱葱。世界上最巨大和最庞大的陆地野生动物个体和群体，在这里演绎世上最精彩的永不落幕的生命戏剧。

二　大裂谷的"冰与火之歌"

大裂谷是自然形成的奇迹，裂谷的两侧都是高耸的山脉，这些山脉在裂谷中呈现出非常奇特的地貌，形成一系列呈规则的雁列式分布的断陷盆地。有些高海拔山脉的顶峰直插云端，甚至终年被冰雪覆盖，非常寒冷。这确实颠覆了很多人的认知，原来炎热的赤道附近还会有雪山。这种神奇的自然景象就是大裂谷送给大家的一首"冰与火之歌"。

在肯尼亚境内，裂谷的轮廓非常清晰，其宽度和深度都非常明显。裂谷底部松柏叠翠，深不可测，再搭配上点缀其间的一座座死火山和大小不一的湖泊，形成了壮丽的峡谷景观。火山与湖泊的交错罗

---

① 中华人民共和国驻肯尼亚经商参处：《东非大裂谷》，中华人民共和国商务部网站，2015年6月23日，http://ke.mofcom.gov.cn/article/slfw/200704/20070404585751.shtml，最后访问时间：2024年2月24日。

列，就如同冰与火交织在一起，谱写出又一首"冰与火之歌"。

这些火山和湖泊不仅具有壮观的景色，还为当地的生态系统提供了重要的水资源。所以，东非大裂谷拥有着丰富的生态多样性，包括热带雨林、草原、山地和沼泽等多种生态环境。这些不同的生态环境为大象、狮子、长颈鹿、猎豹和鳄鱼等野生动物提供了栖息地。

三 世外桃源般的裂谷湖泊

东非大裂谷谷底分布着数十个深浅不等、大小不一的湖泊。这里是世界自然奇观之一，同时拥有淡水和咸水生态系统，湖里还生活着数以百万计的野生动物。大裂谷非凡的地理特征使其成为众多游客在肯尼亚的首选旅游目的地。有一种拥有绮丽颜色的鸟儿是裂谷湖泊绝对的主角。它们有着一抹鲜艳的粉红色，无数游人都为之倾倒，它们就是火烈鸟。

博格利亚湖（Lake Bogoria）和纳库鲁湖国家公园（Lake Nakuru National Park）是肯尼亚无穷无尽的魅力之源。在这里，游客可以享受徒步旅行，并和可爱的动物近距离接触。如果您是徒步旅行的资深爱好者，朗格纳特（Longonot）、苏苏瓦（Suswa）和梅内加伊（Menengai）的休眠火山肯定能够引起您的兴趣；而对于想要安安静静度过一段惬意时光的游客来说，纳库鲁湖和博格利亚湖湖畔就是您的理想选择。

此外，这里还有非洲大裂谷最北边的淡水湖巴林戈湖。它是大裂谷内两个淡水湖之一。许多游客都会慕名前来观赏火烈鸟。当然，绝对不能错过的还有世外桃源般的纳瓦沙湖。这里有花有鸟，气候适宜，景色醉人。湖水被青草环绕，湖面铺展开来像是阳光下的海洋，景色美到令人咋舌。湖、光、山、色无一不自在随意。这里随处可见随风飞翔的各种水禽和怡然自得的河马，它们姿态悠闲，神情安逸，加上这里清新的空气和适宜的温度，很适合放松。

这里还是世界最大、最集中的玫瑰花种植基地。在这个"玫瑰花园"里，能看到许多其他地方看不到的玫瑰品种，单色的，双色的，乃至于多色的，每一朵都娇艳逼人……

四 为国赋名的肯尼亚山

除了湖泊，地壳运动还缔造了很多高山，肯尼亚山就是其中最著名且最重要的那一个。

肯尼亚因肯尼亚山而得名。肯尼亚国徽图案中有肯尼亚山，肯山兰又是国花，可见肯尼亚山在肯尼亚国民心目中的神圣地位。

肯尼亚山最高峰海拔5199米，是仅次于乞力马扎罗山的非洲第二高峰，也是唯一一座横跨赤道的雪山。在非洲班图语里，"肯尼亚"意为"鸵鸟"，因为这座大山黑白相间，白雪覆盖峰巅，有赤道雪峰之奇景，在炎热之地上演冰与火的碰撞。肯尼亚山还是当地基库尤族的祖山，也是众多部族举行祭祀活动时朝拜的神山。[①]

肯尼亚山国家公园是世界遗产。这里保留有原始荒野，景色怡人，有湖泊、冰川、茂密森林、矿泉和珍稀濒危动物，还有独特的山地和高山植被。攀登肯尼亚山是非洲旅行的必体验项目之一，它是登山者和徒步旅行者心中极富挑战性又必须攻克的目标。游客可以在这里登山和露营，还可以探秘洞穴和崎岖的冰川。

这座高山还环抱着肯尼亚风景最优美的两个国家公园——梅鲁国家公园（Meru National Park）和阿布戴尔国家公园（Aberdares National Park）。

五 女王钟爱的阿布戴尔

阿布戴尔是英国伊丽莎白女王非常喜爱的度假地。1952年2月，

---

① 费茂华：《肯尼亚山国家公园中的美丽珍禽》，《科学大观园》2006年第9期，第26—27页。

当时还是英国公主的伊丽莎白来这里观赏野生动物，下榻树顶酒店。夜里，她就接到了她父亲英王乔治六世去世的噩耗。英国王室随即宣布她继位为女王。第二天早上，她便下山回英国继位了。于是，这里便有了"上山公主，下山女王"的故事。很多国家元首、各界名人曾前往参观。女王下榻过的树顶酒店也是阿布戴尔国家公园最著名的"打卡点"。

当然，阿布戴尔不仅有女王故事，这里还是内罗毕的重要水源地。它的山脉面积达767平方公里，最高处达3999米。国家公园里有悬崖、深谷、平原等多种地形，山上树木葱茏，动物成群，有大象、狮子、犀牛、豹子、狒狒、猴子、豺狗、羚羊、野牛、野猪以及250多种鸟类。

夜幕降临时，各种野生动物在酒店旁的水塘饮水、洗澡、舔盐、捕猎，或在草丛中悠然漫步，或追逐狂奔。游人可以坐在旅馆的大阳台上，一边品尝茶或美酒，一边欣赏野生动物的千姿百态，还能在顶层观景平台上眺望银装素裹的肯尼亚山。这些，都是人与自然和谐相处的最好画面。

第三节　尼罗河之源，咸水湖之最

肯尼亚还有两个大湖，一个是位于西部的非洲第一大湖维多利亚湖，一个是坐落在北部的世界第一大沙漠湖图尔卡纳湖。位于西部丘陵地带的维多利亚湖和旁边的东非高原被认为是尼罗河的上源。图尔卡纳湖所在的北部沙漠地区干旱少雨，自然条件比较恶劣，所以这个大湖是咸水湖。但是，千万不要以为这里的盐沼地没有生机，肯尼亚的神奇远超我们想象。

一 西部的维多利亚湖

（一）非洲第一大湖

在肯尼亚西部的东非高原上，也就是肯尼亚、乌干达和坦桑尼亚三国交界处，镶嵌着非洲第一大湖——维多利亚湖。这个非洲最大湖的大部分位于乌干达和坦桑尼亚两国境内，小部分位于肯尼亚境内。之所以有个欧式的名字，是因为1858年英国探险家斯派克在寻找尼罗河源头时发现了此湖，并以当时英国女王维多利亚之名为其命名。

维多利亚湖面积约为6.94万平方公里，湖面为不规则四方形，是我国第一大湖青海湖的15倍。从面积上看，维多利亚湖是世界第三大湖泊，仅次于亚欧交界处的里海和北美洲的苏必利尔湖。因为里海是咸水湖，所以维多利亚湖也是世界第二大淡水湖。由于面积庞大，维多利亚湖是非洲调蓄水源、输出水量的重要节点，每年旱季，都有源源不断的湖水涌入尼罗河，确保下游不断流。

维多利亚湖虽然面积广阔，但湖水深度一般，平均水深约40米，湖中有很多岛屿和暗礁。这些元素共同造就了维多利亚湖极其丰富的生物多样性。湖中鱼类等资源丰富，是非洲最大的淡水鱼产区，盛产鲈鱼和罗非鱼。湖中还有鳄鱼和河马等野生动物。湖的周围森林茂盛，牧草丰富，景色宜人，还有狮子、大象、豹、犀牛、斑马、长颈鹿等野生动物，是非洲的旅游胜地。

对于肯尼亚、乌干达和坦桑尼亚三国的部分民众而言，维多利亚湖意义重大。湖周边聚集了大量人口，是非洲人口最稠密的地区之一，因此维多利亚湖是真正意义上的母亲湖。广阔的湖水不仅为周边民众提供了生存所需的资源，还是连接三个国家的重要水运系统。很多来自全球各地的进口货物从肯尼亚东部沿海卸装后再经维多利亚湖的航运系统运送至乌干达、坦桑尼亚等东非国家。肯尼亚第三大城市基苏木是维多利亚湖边上的知名港口，是东非重要的物流枢纽。

（二）探源千年的尼罗河

维多利亚湖常年有卡盖拉河、马拉河等众多河流汇入其中，北岸的维多利亚尼罗河是其唯一出水口。维多利亚尼罗河是尼罗河上游，直到流入苏丹后才称为尼罗河。

在古希腊和古罗马时代，人们就对尼罗河的源头十分好奇。可惜想要沿着尼罗河上溯，就需要穿过努比亚沙漠，这对古人来说几乎是一个不可能完成的任务。当时的地理学家托勒密认为尼罗河诞生于一个叫"月亮山"的地方，那里地势很高，常年白雪皑皑。在随后漫长的 1700 多年里，人们对尼罗河源头的探寻没有太多进展。直到 19 世纪初，欧洲兴起探险潮，尼罗河源头之谜又成为热点话题。自此，不断有探险者前往非洲大陆，探寻这条世界第一长河的起点。探源工作的深入也导致人们对尼罗河真正起点的认知不断变化，从最初东非中部的塔纳湖一直向南延伸到东非高原的维多利亚湖和卢旺达境内的丛林。尼罗河的官方长度也随之增加。

严格说来，维多利亚湖是尼罗河源头的说法并不确切，因为维多利亚湖的水来自很多河流。依据"河源唯远"的原则，人们后来又沿着维多利亚湖的众多支流寻找尼罗河真正的上源。目前，一种说法是布隆迪新都基特加南边 50 多公里的基基齐山，其山腰处一股毫不起眼的小山泉是尼罗河最南端的发源地。此外，也有一种观点认为位于肯尼亚西南部的莫科托山脉是尼罗河的上源。

中国科研人员也加入了尼罗河探源的行列。2020 年，中国科学院空天信息创新研究院国家遥感应用工程技术研究中心的科研团队，通过对卫星遥感影像和地形数据的分析，在卢旺达纽恩威国家公园丛林深处找到了尼罗河新的源头，并以这里为起点，测量出尼罗河的新长度是 7046 公里。[1]

---

[1]　高关中：《探源尼罗河》，《科学新闻》2022 年第 2 期，第 28—31 页。

二　北部的图尔卡纳湖

（一）最大沙漠湖

肯尼亚北部的图尔卡纳湖就像一块巨大的长条形蓝绿色宝石镶嵌在茫茫沙漠中。如果你乘坐飞机跨越这片土地，凭窗俯视，也会被这面闪耀碧玉光芒的湖水所震撼。

这是一个内流湖，也是世界上最大的永久性沙漠湖泊。其面积广大，湖区呈条带状，长近 300 公里，总面积超过 6400 平方公里。其平均水深为 30.2 米，最深处达到了 109 米。按体积计算，它在世界排第四。它是肯尼亚境内最大的湖泊，也是世界上最大的咸水湖之一。大约 5000 年前，这个咸水湖的面积约为现在的 2 倍，并与尼罗河相通。

图尔卡纳湖水的颜色非常特别，从湖面上可以看到深蓝色、浅蓝色和绿色的分层，给人一种非常独特的观感。正因为这样，它也被誉为"碧玉海"，犹如一块碧玉，镶嵌在到处都是玄武岩的荒漠草原上。图尔卡纳湖虽是咸水湖，但湖水却是可饮用的，只是并不那么适口，其也是许多附近部落生存的保障。

（二）咸水湖里住着尼罗鳄

图尔卡纳湖曾是人类先祖生活的地方，但千万不要以为现在的沙漠湖"寸草不生""了无生机"。这个大咸水湖里可是住着非洲最大的鳄鱼——尼罗鳄。这里是尼罗鳄的主要繁殖地，湖中有超过 1 万条鳄鱼。尼罗鳄体长可达 6 米，是世界上最大的鳄鱼之一，仅次于湾鳄。它还是世界上最古老的鳄鱼之一，在进化上有着悠久的历史。这种鳄鱼具有强大的攻击性，有着极强的咬合力，可以轻松地撕开猎物，是顶级掠食者之一。它们捕食各种动物，包括鱼类、鸟类和哺乳动物等。

虽然尼罗鳄的数量非常多，但其并不是这里唯一的鳄鱼品种。在湖中还生活着其他品种的鳄鱼，如罗纹鳄等。这些鳄鱼在进化上与尼罗鳄有着一定差异，但在外观上非常相似。此外，由于水中有充足的养分，鱼的种类也非常丰富，有罗非鱼、尼罗尖吻鲈、虎鱼等多种珍贵的鱼类。湖的周边生活着许多其他动物，如斑马、羚羊、角马、狮子、火烈鸟、翠鸟等。在这里值得一提的是斑马，常常有大群的斑马聚集在图尔卡纳湖边喝水。这些动物与尼罗鳄之间也存在复杂的竞争和互动关系。

相比于凉爽宜人的中部高原，图尔卡纳湖周边炙热难耐，人类仿佛难以在此生存，但这里却生活着勇敢、坚毅的埃尔莫洛部落。他们平日的食物只有鱼，喝的是湖中的咸水。这种饮食方式，给他们带来了极大的健康隐患。有时，这个以勇敢著称的部落也会去猎杀鳄鱼，以补充身体所需的蛋白质。

（三）多彩盐沼楚里亚

图尔卡纳湖周围几乎没有植被覆盖。沿着湖泊向东南岸走，有一片被当地人称为"楚里亚盐沼"的地方。它位于肯尼亚的东北部地区，面积超过 2 万平方公里。这里有白色的盐田、蓝色的湖泊和数量众多的野生动物。

楚里亚盐沼的景色非常奇特，最具有代表性的就是熔岩喷泉。这些喷泉在盐沼的底部喷出热水和蒸汽，形成壮观的景象。熔岩喷泉形成于地壳下的熔岩活动。在楚里亚盐沼下方，地壳下的熔岩不断加热着地下水，这些地下水原本被上面的盐层覆盖，但由于盐层的密度较小，地下水逐渐涌出地面，就形成了熔岩喷泉。这些喷泉通常在盐沼的底部或低洼地区出现，喷出的热水和蒸汽高达几米甚至几十米。远远望去，整个盐沼都充满了蒸汽，形成一片雾蒙蒙的景象，如同白雾缥缈的瑶池。

在楚里亚盐沼周围，有较为知名的基塔罗国家公园。这是肯尼亚最早的国家公园之一，里面有着丰富的野生动物资源，可以在这里观赏到狮子、大象、长颈鹿、斑马等野生动物。

（四）神奇的盐沼生物

即使在这么极端的盐沼之地，也有生命存在。一些植物适应了高盐的环境，有着独特的生长方式和适应环境的能力。例如，盐沼中的耐盐植物，能够吸收高浓度的盐分，在高盐度的环境里生长。耐盐植物的叶子一般来说都很小，表面还有一层蜡质，用来防止水分蒸发。还有一些藻类，它们也是盐沼中常见的植物。虽然藻类植物大多较为微小，但它们的数量却非常庞大，一片片、一块块的，给死气沉沉的盐沼带来了勃勃生机。在一些地方，也可以看到草丛和灌木。这些植物通常有较强的耐盐性，如蒿属植物和马齿苋等。这些植物的存在不仅给这片荒凉之地带来了生机，也让人们更加感受到大自然的神奇和美丽。

第四节　草原上的欢乐谷

世界知名的私人旅行指南《孤独星球》是这样评价肯尼亚这个国家的："它能满足你对非洲的所有幻想，这里有辽阔的草原、成群的野生动物，还有底蕴深厚的肯尼亚人，他们的传统植根于这片人类起源地，令人自豪。"的确，在肯尼亚，高原气候调和了热带草原的湿热，这种相对温和的气候孕育出了独特的景象。在这里的大草原上，成群结队的野生动物是绝对的主角。

一　野生动物天堂

肯尼亚大草原是一个充满野性、神秘而且壮美的地方。它拥有广袤的草原，不同种类的野生动物在其中繁衍生息，仿佛一幅古朴而神秘的画卷。这里有高原草地、稀树草原、沼泽湿地等不同类型的生态系统共存。漫步在肯尼亚大草原上，可以欣赏到壮观的飓风奇景和绚丽多彩的日出日落景象。

如果你想和野生动物来一次极致的近距离接触，那么你一定不能错过肯尼亚。肯尼亚大草原是野生动物的聚集地。这里生活着大象、狮子、长颈鹿、斑马、角马等各种野生动物。这里是动物们的天堂，也是摄影爱好者的天堂。最能让人一饱眼福的是南部草原地带。这片有魔力的南部地区拥有许多大受欢迎的国家公园和保护区。在那里，您将会体验一次无与伦比的非洲野游，比如，去马赛马拉观赏一次此生难忘的"天国之渡"。

二　震撼"天国之渡"

马赛马拉（Maasai Mara）国家公园位于肯尼亚西南部，与坦桑尼亚接壤，是一片保存完好的荒野大草原。

这是世界上最著名的动物保护区之一，不计其数的野生动物在这片大草原上繁衍生息。享誉世界的动画电影《狮子王》以这里为原型，BBC的纪录片也常将这里作为拍摄地。这里是动物最集中的栖息地和色彩最丰富的荒原，很难同时看到的"非洲五霸"①经常在这里出没，而难以计数的羚羊、长颈鹿、河马、狒狒和狼则日夜在草原上徘徊。在这里，动物是主人，人类是过客。

让马赛马拉名声大噪的不只是庞大的野生动物数量，还有被称为"天国之渡"的动物大迁徙。每年8月雨季来临，数以百万计的角马、斑马、羚羊等野生动物，会从坦桑尼亚的塞伦盖蒂大草原向北迁徙到肯尼亚的马赛马拉大草原。马拉河是它们必须跨越的一道屏障。只有跨越了马拉河，它们才能到达水草丰盛的马赛马拉。因此，这个"天国之渡"又被称为"马拉河之渡"。

动物过境时浩浩荡荡，上演着一场又一场视觉和心灵盛宴，角马、羚羊、斑马等食草动物争相渡河，各种食肉猛兽紧随其后，在河边进行一场生死的博弈。马拉河也因此被称为"非洲血河"。马拉河之渡，也是非洲大草原上野生动物们生死存亡的缩影。生存或者死亡

---

① 非洲象、非洲狮子、非洲豹、黑犀牛和非洲水牛。

只在一线之间，快一步是天堂，慢一步是地狱。只要渡过了马拉河，就意味着能继续生存下去。

观看"天国之渡"，能切身体会到大自然物竞天择、适者生存的残酷法则，也能见证非洲野生动物世界的无限魅力。

三 "非洲五霸"独领风骚

肯尼亚算得上是一个大的野生动物园。在这个动物园里，主角就是传说中的"非洲五霸"。

（一）非洲雄狮也需要关爱

狮子是肯尼亚大草原上绝对的王者。不论是《动物世界》，还是《狮子王》，或者那些以这里的狮子为题材的好莱坞电影，有太多影视作品以这群草原之王为主角。以前，猎杀狮子还是肯尼亚一些传统部落的重要仪式，也是狩猎旅游的重头戏；如今，保护狮子才是肯尼亚的主流。

（二）非洲象多到要搬家

非洲象在肯尼亚的草原和丛林中都可以看到。它们体形高大，耳朵大而显著，是陆地上最大的动物。它们的数量非常多，有几万头。在2004年，肯尼亚政府还给大象们搬过家。当时政府投入了大约320万美元、100多名工作人员和14辆卡车，耗时半个多月，将400多头大象从东南部沿海的欣巴山野生动物保护区搬到了350多公里以外的察沃国家公园。据悉，这算是世界上规模最大的野生动物人工迁移工作了。当地的一名官员戏称："这是自诺亚方舟以来最大的一次动物人工搬迁行动。"①

（三）非洲水牛强壮但很敏感

这里的水牛不用耕地，它们悠闲自在地生活在肯尼亚的许多地

---

① 林琛：《诺亚方舟——肯尼亚大象搬家》，《生态经济》2005年第12期，第8—11页。

方。它们身形巨大，成年雄性水牛一般肩高 1.7—1.8 米，体重 700—1000 千克。它们的角长得比较长且具有特点，所以有人将其做成装饰品挂在家中。非洲水牛是群居动物，通常生活在由数千头水牛组成的大家族中。它们是素食动物，主要以草为食。它们主要在白天活动，但到了夜间，也会出来寻找食物和水源。非洲水牛体形庞大，却异常敏感，并且很容易受到惊吓。一旦它们觉得自己受到了威胁，就会立即做出攻击反应并试图逃跑。所以，当人们在野外偶遇非洲水牛时，最好的选择是与之保持一定距离并且不要去激怒它们，否则就会尝到"牛脾气"所带来的后果。

（四）黑犀牛濒危，需要保护

肯尼亚是两种犀牛的家园：极度濒危的黑犀牛和近危白犀牛。因为历史上的欧洲猎人认为黑犀牛更难猎杀，"非洲五霸"中的犀牛通常指的是黑犀牛。随着生态保护意识的增强，白犀牛也被纳入广义的"五霸"范畴，黑犀牛和白犀牛共同象征犀牛群体的生存危机。许多人认为黑犀牛和白犀牛的区别是它们的颜色。事实上，它们的颜色区别不大，都是灰色的，二者的主要区别在于饮食和栖息地。白犀牛是食草动物，所以它们的嘴巴很宽，呈方形，可以更有效地吃草，主要分布在开阔的草原上；黑犀牛以植物、叶子和嫩芽为食，因此它们的上唇呈三角形，呈钩状，使它们更容易抓住叶子，喜欢栖息在更密集、更厚的灌木丛。

猎豹的偷猎活动导致黑犀牛曾经濒临灭绝。经过严格的反偷猎措施和栖息地保护行动，肯尼亚的黑犀牛数量逐渐恢复，但仍然处于极度濒危状态。纳库鲁湖国家公园是黑犀牛的核心保护区，也是重要的观测地。

（五）非洲豹体型健壮，善于攀爬

在肯尼亚的草原上，生活着不同种类的豹子，比较著名的是非洲豹和东非猎豹。"非洲五霸"之一的非洲豹不属于猎豹（Cheetah），而是花豹（Leopard）。与体型纤细的猎豹相比，非洲豹体型健壮，一只雄性非洲豹的体重最高可以达到 90 公斤。在外观上，非洲豹金色皮毛上带有玫瑰状斑纹，尾巴尖端的一抹白色是幼崽在夜间跟随母亲的指南。虽然在奔跑速度方面不及猎豹，但非洲豹的爆发力、敏捷性和适应复杂地形的能力更为突出。它们尤其善于攀爬，且大部分时间都在树上度过。有时候，为了防止狮子和鬣狗来抢食，非洲豹通常会将猎物存放在树枝的高处，以便相对安全地进食。马赛马拉国家公园的马拉河沿岸和勒瓦野生动物保护区是观测非洲豹的重要地点。

值得一提的是，肯尼亚还有极其罕见的黑豹。黑豹并非独立物种，而是患有黑化症的非洲豹，因基因突变导致黑色素过量，全身皮毛呈深黑色。黑豹更适应密林或山地森林，黑暗环境为其提供天然伪装。它也被看作非洲丛林中最隐秘的魅影。

第五节　丰富的自然资源禀赋

肯尼亚虽因野生动物而出名，但这里的植物资源也毫不逊色，又是多种矿产资源的储备开发地。在肯尼亚的高山、草原、海滨、湿地、沙漠等各种环境中，遍布品种丰富的植物。肯尼亚的森林面积约占国土面积的 15%，林木储量达 9.5 亿吨，[①] 境内有许多自然保护区。

一　植物的多彩世界

（一）"绿色瑰宝"卡卡梅加

卡卡梅加森林是肯尼亚人心中的自然宝藏，被视为"绿色瑰宝"。它曾经是几内亚 - 刚果热带雨林的一部分，如今是维多利亚湖边的自

---

① 贵州省商务厅驻境外商务代表处：《代表处所在国情况 —— 肯尼亚共和国》，贵州省商务厅网站，http://swt.guizhou.gov.cn/ztjj/gzjwswdbc/dbcszgqk/，最后访问时间：2023 年 8 月 24 日。

然保护区之一，拥有巨大的雨林植物和各种原生态动物，生物多样性在这里展露无遗。这里生长着许多高大的树木，如大叶朴、非洲红木、桃花心木等。这些大树的树荫下生长着大量的蕨类植物，其中，水龙骨和桫椤等还是珍稀和濒临灭绝的物种。当然，这里还有一些藤本植物，如三角梅、喇叭花、葛藤等。这些植物沿着树干和地面生长，形成了独特而绮丽的景象。在这片森林中，竹子也是一种非常普遍的植物。这些高大的竹子形成了茂密的竹林，为一些动物提供了遮蔽和栖息的地方。

（二）最大市内森林卡鲁拉

卡鲁拉森林占地面积约 1011 公顷，距离内罗毕市中心不到 10 公里，为当地的市民和游客提供了接触森林的便捷机会。卡鲁拉森林是肯尼亚人与自然关系的缩影，其在历史发展中经历了许多曲折。在 20 世纪末，肯尼亚经济快速发展，房地产兴起，开发商们瞄准了卡鲁拉森林，导致这片森林面临被夷平、开发成住宅区的处境。后来，旺加里·玛塔伊等人发起了抗争，推动肯尼亚政府在 2005 年实施了新森林保护法，并最终促成"卡鲁拉森林之友"的成立。这个组织与肯尼亚森林服务局合作制订保护肯尼亚天然资源的合作计划，通过民间力量募集资金，因地制宜种植本土树种，将这片森林很好地保护起来。如今，卡鲁拉森林已经成为肯尼亚重要的生态旅游景点之一，吸引着世界各地的游客前来参观。

卡鲁拉森林里有许多极具观赏性的植物。大叶合欢树是首都内罗毕的标志性植物之一，也是这里的主要树种。它的树冠茂盛，树叶呈羽状，十分美观。凤凰树这种热带地区常见的植物，也是这里比较著名的观赏植物。它的花朵呈红色或黄色，十分鲜艳。黑桃花树是卡鲁拉森林中比较珍贵的植物。开花时，黑桃花的花朵呈深红色，颜色鲜艳欲滴，极具观赏性。卡鲁拉森林中还生长着一种多年生草本植物马蹄莲，也是一种比较珍贵的植物。它的花朵呈漏斗状，颜色大多为白色或粉红色，颜色和外形都非常美丽。此外，森林中还有一种常见的小型植物——非洲紫罗兰，它的花朵呈深蓝色或淡紫色，开花时，卡鲁拉森林中呈现斑斑点点的紫，一片片，一簇簇，非常浪漫。

（三）莫科托的绮丽风光

肯尼亚名山很多，莫科托山脉名气不算大，存在感也不强，但是风景独特。上文就曾提到，莫科托山脉也被认为是尼罗河的源头，所以这里的生态环境非常值得探索。它拥有丰富的动植物资源，还有一些特有的物种。这些生物共同构成了复杂的食物链和生态平衡系统，也为这片土地带来了独特的魅力和生机。

莫科托森林属于热带雨林，生长在莫科托山脉的斜坡上，海拔在1500—2700米。森林中的树木种类非常丰富，包括高达30米的乔木、各种灌木和藤本植物。这些树木为森林中的其他生物提供了栖息和觅食的场所。森林中也有丰富多样的菌类，它们与植物共生，形成了复杂的食物链关系。这些菌类对森林生态平衡的维持至关重要，也为当地居民提供了丰富的食用和药用资源。森林也为许多鸟类提供了栖息地，包括珍稀的特有物种，如柯莫鸟和卡伦兹巨嘴鸟等。这些鸟类在森林中繁衍和觅食，为这片土地增添了许多生机。莫科托森林还是哺乳动物的家园，大象、黑犀牛、豹子、野牛和猴子等野生动物在森林中穿梭，为这片土地带来了生机与活力。

莫科托森林的昆虫种类也非常丰富。蝴蝶、蜜蜂、蚂蚁和甲壳虫等昆虫在森林中扮演着重要的角色，如授粉和促进养分循环。莫科托蝴蝶是一种非常美丽的昆虫，只生活在莫科托山脉地区。它们通常有蓝色和黑色的翅膀，上面还有红色的斑点，非常引人注目。它们一般会在森林中的豆科植物上产卵，一旦孵化，幼虫在接下来的几个成长阶段中都主要以豆科植物为食。这种豆科植物也是肯尼亚山区最常见的植物之一。成年后的莫科托蝴蝶主要以花蜜为食，它们通常在森林中栖息，早上和傍晚最为活跃，中午时分则会在树叶上休息。

它们会在特定的季节迁徙。尽管迁徙的具体距离尚不明确，但据测算它们会飞行超过 50 公里的距离。现在，由于莫科托山脉地区受到森林砍伐等人类活动和气候变化的影响，莫科托蝴蝶的数量也正在减少。因此，保护莫科托山脉地区的生态环境对保护莫科托蝴蝶的生存至关重要。

（四）生于荒漠的魔鬼仙人掌

普通的仙人掌大家可能都见过，也不足为奇，但肯尼亚的仙人掌品种非常多，最引人注目的叫魔鬼仙人掌。光听这名字，你会想象它是一个什么样的物种呢？魔鬼一词描绘了它的个头。它算是仙人掌中的佼佼者，一般可以长到 6 米之高，直径 30 厘米左右，浑身上下还长满了尖刺，远远望去，就像一个个从地狱来的魔鬼。这种仙人掌虽然扬名肯尼亚，但它却是在 20 世纪 40 年代被英国殖民者引入的外来品种，主要用于制作沙拉和饲料，还被殖民者当作篱笆使用。

魔鬼仙人掌的生命力非常旺盛，生长也很迅速，还能适应恶劣的生存环境，因此在荒凉地区也有密密麻麻的魔鬼仙人掌林。另外，这种仙人掌个头实在太大，非常难清除，再加上它们的刺会扎伤人和动物，它们的果实和花朵也会导致皮肤过敏和眼睛受伤，所以人们都对其敬而远之。

处于肆虐生长状态的魔鬼仙人掌已经对当地生态系统和农业造成严重威胁。例如，在肯尼亚的路易莎巴保护区（Loisaba Conservancy），大约有 20% 的土地已经被魔鬼仙人掌覆盖。这些仙人掌还导致了一些野生动物和家畜的死亡。为了控制这些仙人掌生长，当地农民和保护区员工只能砍掉它们的刺，将其连根拔起。即便这样，仍然无法完全控制它们的蔓延速度。为了减少魔鬼仙人掌对生态环境和农业造成的负面影响，需要采取更有效的措施。

（五）草原上的草本植物

肯尼亚的草原上生长着各种各样的植物。其中，非洲茅草是肯尼亚草原上最重要的草本植物之一，它具有耐旱、耐高温、耐贫瘠等特点，可以在草原上广泛生长。此外，肯尼亚草原上还生长着大量的其他草本植物，如千里光、马唐、雀稗、虎尾草等。这些植物在草原生态系统中发挥着重要的作用，如为动物提供食物、调节气候等。

还有一种草本植物——肯尼亚剑草也独具特点。肯尼亚剑草生长在肯尼亚的山地地区，是一种极具观赏性的植物，它有着非常细长的叶片，剑状的花序，花朵呈鲜艳的蓝色或紫色，非常显眼，看起来就像是一把把梦幻的剑在挥舞。它能够适应高海拔、低温、干燥等极端环境，生命力很强。更为重要的是，肯尼亚剑草有着丰富的药用价值，它不仅可以用于抗病毒、抗氧化、抗炎、抗肿瘤等，还可以用于保健品和化妆品的研发。此外，肯尼亚草原上还生长着其他一些药用植物，如艾属植物，也被当地居民用于各类疾病的治疗。

（六）沙漠里的红玫瑰

肯尼亚有一种花，不是玫瑰却被唤作"沙漠玫瑰"。这种独特的植物生长在肯尼亚的沙漠地区，也被称为天宝花。"沙漠玫瑰"因其原产地接近沙漠且红如玫瑰而得名。它喜高温、干旱、光照充足的气候环境，不需要过多的水分和养分，适合生长在疏松透气、排水良好的砂质壤土中。沙漠玫瑰的花形像小喇叭，再加上鲜艳的玫瑰红色，非常惹眼，伞形花序灿烂似锦，四季花开不断。

另外，肯尼亚沙漠中还生长着一些珍稀植物，如具有很高药用价值的沙漠芦荟，常年郁郁葱葱、美观大气的龙舌兰等。这些植物大多具有很强的抗旱能力，也构成了肯尼亚沙漠地区的独特景观。

二 矿产的聚宝盆

肯尼亚蕴藏着多种矿产资源，包括纯碱、盐、萤石、石灰石、重晶石、金、银、铜、铝、锌、铌和钍等，有些矿产的储量相当可观。根据《2016肯尼亚矿业投资报告》，肯尼亚的煤炭储量超过4亿吨，总价值超过 4 万亿肯先令；稀土储量价值超过 6.2 万亿肯先令，居全球前五；铌矿储量居全球第六。[①]

近年来，肯尼亚西部和东部地区又探明了金矿、煤矿、稀土和钛矿等资源，位于肯尼亚西南部的一些金矿床储量较大。这使得肯尼亚在短短几年间便迈进了"矿产资源丰富国家"的行列。虽然矿业产值在肯尼亚 GDP 中的比重不大，但工业矿产品在该国的外贸中却占重要地位。目前，这里出口的工业矿产品主要有纯碱、硅藻土、石膏、石灰、萤石等。同时，肯尼亚的石膏、水泥等建筑材料的生产和开发能力也较强。近年来又不断出现新探明的矿产资源，这为肯尼亚的矿业发展带来了新的机遇。

肯尼亚的石油储量也非常可观，而且都有待开发。2012 年，英国图洛石油公司在肯尼亚西北部的洛基查盆地发现了石油资源，据估计有 7.5 亿桶的储量。[②]此外，肯尼亚的中东部地区也发现了总量可观的石油，沿海地区据探测也极可能藏有油气资源。因此，肯尼亚的石油储量预计超过邻国乌干达。石油是"工业的血液"，也是一国的战略储备，丰富的石油储量对肯尼亚意义重大。受制于交通不便、基础设施落后及地形复杂等现实条件，肯尼亚目前大部分石油都无法进行商业开采。目前，当地政府对石油勘探和开采进行了一系列的立法和改革，以吸引国际投资进行开采挖掘。

[①]　中华人民共和国驻肯尼亚使馆经商处：《肯尼亚政府称肯矿产资源丰富，开发潜力巨大》，中华人民共和国商务部网站，2016 年 10 月 31 日，http://ke.mofcom.gov.cn/article/jmxw/201610/20161001542552.shtml，最后访问时间：2023 年 8 月 25 日。

[②]　商务部国际贸易经济合作研究院、中国驻肯尼亚大使馆经济商务处、商务部对外投资和经济合作司：《对外投资合作国别（地区）指南：肯尼亚》（2022 年版），2022 年 12 月，第 3 页。

第二章 多姿多样的区域风采

肯尼亚最早的行政区划可以追溯到公元初期的班图人扩张。在英国殖民统治时期，肯尼亚实行的是郡（County）和县（District）两级行政区划制度。独立以来，肯尼亚的行政区划经历了多次大调整。1963 年 12 月 12 日，也就是刚独立时，肯尼亚新政府将全国分为 7 个行省加内罗毕特区，下辖 47 个郡。在现行的法律下，7 个行省和后续新增的郡县被取消，传统的 47 个郡被设为一级行政单位。[①]

第一节 简单明了的两级行政区划

进入 21 世纪，肯尼亚希望通过对行政区划的调整，更好地适应国家和地区的社会、政治和发展需求，进一步提高行政效率，减少行政成本，并更好地促进城市和农村地区的发展，提高地方政府的自治能力。

一 郡是一级行政单位

2013 年 3 月大选结束后，肯尼亚全国撤销省级建制，由中央、省、地区、分区、乡、村六级改为中央和郡两级。郡上升为一级行政区划，是地方的行政中心。全国划分为 47 个郡进行治理。这 47 个郡

---

① 任航等：《基于人口规模的肯尼亚城市体系演变及空间联系》，《经济地理》2022 年第 5 期，第 56—65 页。

由中央政府直接管辖，有一定程度的自治权。肯尼亚的首都是内罗毕（Nairobi），第二大城市是蒙巴萨（Mombasa），第三大城市是基苏木（Kisumu），还有纳库鲁（Nakuru）、伊西奥洛（Isiolo）和埃尔多雷特（Eldoret）等知名城市。

根据肯尼亚新宪法，每个郡由一名郡长领导，负责制定和执行郡政策、管理郡财政、监督郡政府官员等。郡以下的行政区划分别是子郡（Sub-county）、区（Wards）和村（Village）。每个子郡由一名子郡行政官领导，每个区和每个村也设有相应级别的行政官。

在国家管理方面，中央政府负责制定国家的政策和法律，郡政府则负责执行这些政策和法律，并向中央政府报告工作。此外，中央政府还对郡政府的财政和行政事务进行管理和监督，以确保郡政府的运作符合整个国家的法律规范和公共利益。总体而言，中央政府和郡政府之间的关系建立在相互配合、协作和监督的基础之上，双方共同推动肯尼亚国家的发展和繁荣。

撤省建郡之后，肯尼亚理顺了整个国家与地方之间的关系。新的郡级行政区划能帮助肯尼亚更有效地开展国家管理、更好地进行地方规划与建设，并且减少了不必要的政府冗余。同时，肯尼亚中央政府也将部分权力下放到郡，用以加强地方自治。这样一来，不仅提高了中央政府与地方政府的沟通效率，还减轻了中央政府的工作负担。

二　风格各异的郡命名

肯尼亚每个郡的名字都有自己的特点，充分反映了这个国家的地理、历史、文化和民族的多样性。有的是基于其历史文化进行命名，比如蒙巴萨郡的得名是因为历史上该地区曾经是蒙巴萨王国的领土，基苏木郡的"基苏木"在马赛语中意为"水牛"，是水牛养殖者的聚居地；有的是以动物名称命名的，比如纳库鲁郡的"纳库鲁"在马赛语中意为"白色的水牛"，因为该地区有大量的白犀牛；而有的郡则是以民族名称来命名的，比如图尔卡纳郡，是图尔卡纳人的聚居地，卢旺达郡则是卢旺达人的聚居地。

三 郡的"总指挥"

肯尼亚的郡拥有一定程度的自治权，可以自主制定郡的政策和计划，并设立郡议会等机构来审议和决策重要事务。郡长是地方政府的行政长官，通常由中央政府任命，任期一般为5年，但也可以根据情况提前被解职或者连任。在任命过程中，中央政府通常会综合考虑郡长候选人的领导才能、行政管理经验、沟通能力、政治背景、派系关系，以及是否能够满足当地人民需求、了解当地文化和传统。

肯尼亚有很多优秀的郡长，在地方治理和社区发展方面作出了积极的贡献。其中，纳罗克郡郡长萨缪尔·图奈就是一名杰出代表。图奈本身是一名非常有能力的领导者，他担任纳罗克郡郡长期间，为当地人民和社区作出了许多贡献。他致力于提高纳罗克郡的公共服务和基础设施建设水平，推动本郡的经济和社会发展。在他的领导下，纳罗克郡的旅游业得到了快速发展，当地的文化和历史遗产也得到了保护和传承。此外，他还积极推动当地农业的发展，与农民合作推广现代农业技术，提高了农业生产效率，为当地居民提供了更多的就业机会和生活保障。

第二节 动物相伴的首都内罗毕

肯尼亚的城市拥有独特的魅力，是探索非洲文化和自然风光的理想之地。在这里，不仅可以欣赏到美丽的海滩、雄伟的山脉和迷人的野生动物，还可以探索丰富的文化遗产、品尝独特的当地美食。

对于大多数外国人来说，去肯尼亚的第一站一定是它的首都内罗毕。这个城市面积达684平方公里，海拔1600多米，人口约467万

（2022年），位于肯尼亚中部高原上，距东边的印度洋海岸约480公里。这里环境优美，气候宜人，是一个典型的国际都市。如果你喜爱热闹的都市生活，内罗毕不会让你失望。这里有高耸入云的摩天大楼、灯红酒绿的夜生活以及有滋有味的市井文化。想要逛逛街，买买东西，这里很合适。

一 是"非洲小巴黎"，也是阳光绿城

内罗毕在当地马赛语里的意思是"冰凉的水"。为什么会有如此称呼？因为这个城市与我们对非洲城市的固有印象不同，内罗毕是一个凉爽宜人的避暑胜地，年平均气温17.7摄氏度，非常舒服。

内罗毕是肯尼亚全国政治、经济、文化、工业和交通中心，是全国第一大城市，也是东非第一大城市。整个城市有着与法国巴黎相似的建筑风格和城市文化，有现代化的建筑、宽阔的街道和繁华的商业中心。此外，内罗毕的文化氛围也相当浓厚，肯尼亚政府相当重视文化事业的发展，在城市中心和周边地区建设了许多博物馆、剧院和艺术中心等文化艺术场所，这些场所也经常举办各种文化活动，吸引了大量的游客前来参观。内罗毕可以说是非洲大陆上最具有吸引力的城市之一，它是一个世界性的城市，素有"非洲小巴黎"之称。

此外，内罗毕整个城市还被鲜花和绿植所覆盖。所以，也有人把它称为"阳光绿城"。为了保护城内丰富的树木资源，肯尼亚出台了相关法律，使得现代化的内罗毕与自然融为一体。

二 联合国的四大总部城市之一

内罗毕是联合国在非洲的总部驻地，是联合国在全球的四大总部城市之一。联合国内罗毕办事处成立于1996年，其前身是1973年设立的联合国环境规划署和人居署的东非总部。联合国内罗毕办事处由联合国环境规划署和人居署的总部以及其他联合国机构驻肯办事处组

成，与联合国日内瓦办事处、维也纳办事处等纽约总部以外的其他大型驻地机构平行，是联合国唯一设在第三世界国家的办事处级别的机构。该办事处由肯尼亚政府提供土地和办公用房，工作人员的工资和福利也由肯尼亚政府支付。

内罗毕办事处为联合国系统提供了一系列服务，包括行政、预算、财务、人力资源、信息技术、采购、法律、安保等。此外，该办事处还负责协调联合国在非洲和最不发达国家的工作，支持非洲联盟和相关区域组织的发展。

与其他办事处不同，联合国内罗毕办事处很"绿"，与"阳光绿城"相得益彰，是一个完全节能、碳中和的办公场所，是非洲首个采用环保理念设计的建筑。整个建筑贯彻可持续发展理念，全部使用回收水和自然光线，减少人工照明。同时，建筑内还充分利用自然风，构建了空气循环系统，用自然流动的空气代替了空调，让人有置身于大自然的感觉。目前，该办事处也成为内罗毕著名旅游景点之一，来自世界各地的游客往往把这里作为内罗毕之行的必去"打卡点"。

除联合国外，国际民航组织（ICAO）的非洲东部、南部办事处也设在内罗毕。同时，全球25家大型跨国公司也在此设立了其非洲或区域总部。

三 火车拉来的首都

内罗毕本身历史悠久，其发展可以追溯到1890年。当时，它是英国殖民政府修建的东南沿海城市蒙巴萨通往乌干达首都坎帕拉的老米轨铁路上的一个火车站。1899年，英国军队的军需品运输终点站从当时的乌干达变更至内罗毕。作为补给站，内罗毕负责蒙巴萨和邻国乌干达之间的补给。

1900年左右，英属东非殖民地开始兴建，很多印度商店在这里出现，内罗毕成为一个贸易中心。随后，内罗毕成为英属东非保护地的首府。1963 年肯尼亚宣布独立，内罗毕随即成为新共和国的首都。

内罗毕的老城区和新城区各有特色。老城区的历史可以追溯到英国殖民时期，许多古老的建筑和历史文化遗迹都集中在这一地区，如卡伦大教堂、内罗毕国家博物馆和凯伦故居等，是一个充满历史、文化和美食的区域，也是内罗毕市区最具代表性的地区之一。在新城区，游客可以享受现代化非洲的都市生活，如书店、餐厅、商业区、5 分钟内可以兑换到支票的银行以及邮局等便利设施。

现在的内罗毕是一个以香烟制造、食品原料加工为主的现代化城市，也是全世界游客向往的旅游目的地。当然，这座城市的传统色彩依然浓烈。每逢周二，内罗毕有专门为马赛人开设的自由市场，类似于国内的农村集市。市场主要有当地人和马赛人售卖的日用品、服装和地道的肯尼亚手工艺品。在这里，游客可以买到价格低廉的手工艺品，还可以讨价还价。这些手工艺品充满非洲原始、质朴、简约、粗放的风格，不失为一个了解肯尼亚文化的好去处。

四　城市景观颇具特色

内罗毕拥有许多有特色的建筑物，整个城市的建筑以浅色为主，设计造型新颖别致，如肯尼亚国家博物馆，在中东部非洲乃至整个非洲都非常有名。博物馆在 1910 年由东非自然历史协会发起修建，在 60 年代进行了扩建。整个博物馆除了内罗毕总部展馆外，还下设 16 个地区博物馆和几处历史遗迹陈列馆。肯尼亚国家博物馆以在生物、地质、考古方面的收藏和人类学、古生物学方面的研究而闻名于世，被称为东非生物考古的科研机构和科普活动中心。内罗毕展馆里藏品非常多，其中以人类早期骨骼化石最为著名。除有历史文献、文物、古今文化和自然遗产等展品陈列外，博物馆还会举办多种学术活动，聚焦古生物学、鸟类学、无脊椎动物学、哺乳动物学、爬行动物学和植物标本学等学科的研究。

位于市中心的肯雅塔国际会议中心也是内罗毕的标志性建筑。该会议中心是内罗毕乃至东非最好的会议场所，也是肯尼亚执政党的总部，其主体是一幢32层高的圆形建筑，楼顶有旋转餐厅，站在顶层可以俯瞰整个城市的风景。这里是许多世界和区域性国际会议的举办地，曾举办过世界贸易组织第10届部长级会议。著名的"肯尼亚之眼"，即非洲最大的摩天轮也在内罗毕，整个摩天轮高约60米，也是内罗毕的地标性建筑之一。

《走出非洲》的作者丹麦作家凯伦·布里克森的故居也是市内著名的建筑物，是小说同名电影的取景地。凯伦故居始建于1912年，1917年凯伦夫妇将其买下，1925年凯伦与丈夫离异后继续在此居住至1931年，之后数易其主。1963年，丹麦政府买下凯伦故居及附近土地，赠予肯尼亚政府以纪念肯尼亚独立。1985年这里被正式改为博物馆并对公众开放。凯伦博物馆基本上保持了书房、卧室、厨房、会客间等房间原貌。走廊两侧摆放着女主人所写的书以及她的照片。院子里种了南洋杉树、火焰树等当地名贵花草树木。

当然，除了这些，内罗毕还有一个比较特殊的乌呼鲁公园。园内矗立一座24米高的纪念碑，旁边是高举肯尼亚国旗的自由战士雕像。这个地方意义重大。1963年12月12日，肯尼亚第一任总统乔莫·肯雅塔在此宣布肯尼亚获得独立。如今，乌呼鲁公园是深受市民喜爱的绝佳休闲地，也是亲朋好友聚会的场所。近年来，这里还成为学生教育基地、演唱会场地和婚礼场地。

五 现代城市里可享野奢之旅

在内罗毕这座现代化的城市中，只需要驱车20分钟不到的路程，就可以近距离接触到成群的斑马、角马、水牛、长颈鹿、犀牛、豹子与狮子。这得益于内罗毕的一个独特之处：市内有一个肯尼亚标志性的国家公园——内罗毕国家公园。这是非洲第一个野生动物园，也是世界上唯一一个位于国家首都的真正意义上的野生动物园。这里以园内宽阔的草坪为底，园外的高楼群为背景，绘制出一幅人与自然的和谐画卷，是非洲旅游最不可错过的地方之一。公园内地形复杂，既有山脉、山谷，也有河流、瀑布、湖泊和沼泽，可以说是一个缩小版的非洲地形地貌图。国家公园的存在让内罗毕这座逐渐现代化的城市依然涌动着独属于非洲的野性。

广袤的热带大草原和神秘的森林包围着这座城市，高速路旁甚至可以看到蔚为壮观的动物季节性大迁徙，数以万计的非洲生灵从城市中穿过，高耸的城市楼宇背景下有着奔跑的狮子、鸵鸟、羚羊和犀牛……这种首屈一指的野生动物观察体验让人顿悟宇宙之大、生命之微。与自然世界的真实互动，可能是许多游客人生中最非同寻常的一次经历。大自然的野性永远是内罗毕及肯尼亚文化的重要内在元素。

内罗毕国家公园还是一个"半开放"的公园，很多动物如角马、斑马、长颈鹿、羚羊等经常在公园内外迁徙，雨季离开，旱季迁回，来去自由。为此，公园的南部没有设置任何阻挡，以作为动物迁徙的通道。[①] 由于建在首都市区，这里极其便利的地理位置非常适合短期停留的转机旅客以及商务游客前往游览。大象是公园唯一没有的大型动物。据说主要原因是大象太能吃，会给其他动物造成食物危机。

六　有大象孤儿院，也有长颈鹿保护中心

内罗毕国家公园里没有大象，但内罗毕有大象。著名的大象孤儿院就在内罗毕市郊，由大卫·谢尔德里克野生动物基金会设立。这个孤儿院是目前世界上在救援和治疗大象孤儿方面做得最成功的公益机构。这里的大象孤儿来自肯尼亚各地。它们有的父母被盗猎者杀害，有的因干旱被困在干涸的水源地，有的因和人类发生冲突而失去亲

---

① 蔡登谷：《清凉绿城内罗毕》，《中国城市林业》2006年第3期，第61—63页。

人。这些小象在孤儿院里被人们精心照料，等它们被治愈且情况稳定后，就会被送往察沃国家公园。它们在那里会逐渐适应野外生活，并最终被放归大自然。这些大象孤儿不仅需要物质上的帮助，它们心灵上所受的创伤更需要安抚。

游客可以和小象们亲密接触，观察小象们喝奶、玩树枝、喝水、踢球、撒娇、玩耍、打架。还有管理员介绍关于大象孤儿院的故事、关于艰辛的小象人工哺育的故事，以及关于每头小象的故事。另外，游客还可以收养小象，关注它成长的每一步。

除了和大象亲密接触，在内罗毕还可以拥抱长颈鹿。这里有一个保护中心，专门保护一种罗斯柴尔德品种的长颈鹿。它位于内罗毕市郊，于1983年成立，创建者乔克也是非洲濒临灭绝野生动物基金会的创始人。这个地方非常有趣，活动内容也丰富多彩。你可以从一座红色建筑物的二楼阳台上观察长颈鹿，给它们喂食，甚至可以亲吻它们。这是一种非常奇特且极为难得的体验，特别是对孩子或者怀有童心的成年人来说。从长颈鹿保护中心还可以穿过相邻的戈戈河（Gogo River），进入鸟类禁猎区，信步游走，进行一场有趣的森林漫步之旅。

第三节　历史悠久的海港蒙巴萨

肯尼亚的沿海地区，有白沙、碧海和蓝天。东非第一港蒙巴萨就坐落在这里。正因如此，肯尼亚素有"非洲东大门"的称号。在这里，你可以在大海中畅游，在海滩上悠闲享受日光浴，乘玻璃船出海观赏鱼类，也可以参与摩托艇、帆板、深海钓鱼等各类水上运动。

一　蒙巴萨，东非最大港

蒙巴萨坐落在肯尼亚东南部沿海，东临印度洋，城市中心位于蒙巴萨岛上，有堤道和铁路桥同大陆相连，是进入肯尼亚内地的门户，也是肯尼亚、乌干达、卢旺达等十几个非洲国家国际贸易货物进出口的门户。早在 16 世纪，蒙巴萨就是印度洋沿岸重要的贸易站和物资中转站。货物从这里转口至东非、中非各国。与内罗毕相比，蒙巴萨与塞内加尔首都达喀尔或坦桑尼亚原首都达累斯萨拉姆有更多的相似之处，是阿拉伯、印度和非洲的混合体。今天的蒙巴萨经济发展主要依赖港口业、贸易和旅游业。

蒙巴萨港，也叫基林迪尼港，是肯尼亚最大的天然深水港口，也是东非最大的港口。基林迪尼这个名字源于斯瓦希里语，意为"深的"。从这个名字就可以看出蒙巴萨港天然拥有的优良条件。这个港口港宽且水深，口岸开阔，码头泊位之多、货物吞吐量之大和机械化程度之高，在东非均居首位，有各类万吨级以上泊位 21 个，24 小时通航。2021 年，蒙巴萨港货物总吞吐量约为 3455 万吨，是邻近港口吞吐量的 3—4 倍，在全球排名第 114 位。[①]

二　是大港口也是旅游胜地

蒙巴萨有许多美丽的海滩度假胜地，海上运动十分盛行，游客可尝试各种海上活动，包括潜水、滑水、跳伞、钓鱼等，既可充分享受游玩之乐，又可欣赏怡静明媚的景色。海滩之外还有热闹的蒙巴萨旧城，吃喝玩乐买买买，这里最合适。

蒙巴萨以北约 105 公里，有一个人口不足两千人的名为瓦塔穆的海滨小镇。小镇上的瓦塔穆国家海洋公园坐落在蓝礁湖和瓦塔穆湾之间，拥有大片白色的沙滩和东非海岸最好的浮潜和潜水区。一旁美丽的龟背湾、蓝潟湖湾、瓦塔穆湾、卡纳尼海滩和蓝花楹海滩也都属于瓦塔穆国家海洋公园。

---

① 商务部国际贸易经济合作研究院、中国驻肯尼亚大使馆经济商务处、商务部对外投资和经济合作司：《对外投资合作国别（地区）指南：肯尼亚》（2022 年版），2022 年 12 月，第 21 页。

除了潜水区，肯尼亚东海岸还有很多洁白的沙滩。迪亚尼海滩就是其中名气较大的一个。这个海滩长约25公里，洁白的海滩一望无际，海滩边上摇曳的棕榈树为其增添了不少柔美的色彩。海滩上的沙子细腻柔软，是日光浴的最佳去处。离岸的珊瑚礁是游客最喜欢的潜水胜地，常年吸引着游客来此潜水。除了可以潜水外，这里也是风筝冲浪的理想之地。

除了海滩风情，蒙巴萨还保有大航海时代的文物和遗迹——耶稣堡。耶稣堡由葡萄牙人修建，展示了东非与大航海的历史遗存。一些来自中国的文物也在其中，如明宣德年间烧制的瓷盘、花瓶等。

在蒙巴萨，还有一个重头戏，那就是观看座头鲸大迁徙。观看的最佳地点就在美丽的瓦塔穆国家海洋公园。每年的7月、8月、9月三个月，原本生活在南半球的座头鲸会从南极洲一路向北，蒙巴萨的瓦塔穆国家海洋公园是它们旅途中的一个休息站。所以每年的8月、9月，在这里看到座头鲸路过的概率极高。座头鲸体形庞大，一头成年的座头鲸相当于24头成年公河马的体重总和。如果胆子够大，还可以来个海上"狩猎探险"，乘船与座头鲸相遇的感觉肯定震撼无比。

三　郑和曾两次到访

蒙巴萨最早由阿拉伯人所建。早在公元9世纪，就有来自阿曼的阿拉伯人在这里定居。19世纪以前，每年12月到次年1月，都会有大批来自阿拉伯、波斯、印度和欧洲的帆船队来此经商，[1]使蒙巴萨盛极一时。据史料记载，中国明代伟大的航海家郑和及其船队从西太平洋穿越印度洋，到达西亚和非洲东岸，曾于1411年和1433年两次在蒙巴萨停靠，并在此进行了贸易和交流活动。在《郑和航海图》里蒙巴萨被标作"慢八撒"。

---

[1] 《寻访郑和航迹 揭开历史迷团》，《水路运输文摘》2005年第5期，第65页。

距蒙巴萨约 120 公里的小城马林迪，曾为古代马林迪王国都城，历史上是东非著名港口，现在还保留着葡萄牙航海家达·伽马在 1498 年修建的城堡遗址。在马林迪境内，考古工作者发现了许多中国古代的丝绸、陶瓷等。据说，这些就是 15 世纪郑和下西洋时所留下的东西。目前，马林迪是肯尼亚著名的海滨疗养和游览地。

四 融汇多国风格

蒙巴萨是一个充满热带风情的城市，既有欧式大楼，也有阿拉伯建筑，甚至还有印度式的房屋，融合成一种独特的城市风格。蒙巴萨整个城市分为新旧两部分，居民有班图人、阿拉伯人以及印度人等。旧城位于蒙巴萨岛东南边缘，拥有狭窄的街道和古老的建筑。紧锁的木雕大门和铁条密布的神秘窗户，给人一种置身于葡萄牙里斯本的感觉。旧城也是蒙巴萨最热闹的地方，建筑物带有浓郁的欧洲中世纪特色，周围地区多名胜古迹，有 6 人合抱的巨树、9 世纪前建立的清真寺、阿拉伯古城废墟、1593 年建的耶稣堡（现改为国家博物馆），[1] 还有一处中国钱庄古迹，充满了历史和文化气息。新城始建于 1903 年，在英国殖民时期曾是肯尼亚的行政中心，拥有现代化的建筑、购物中心、餐厅和酒店等设施，现已成为肯尼亚的旅游胜地。

五 历史悠久拉穆岛，毛驴是块宝

拉穆群岛由肯尼亚东海岸线北端的一系列岛屿组成，田园诗般的风光配上众多美丽的古建筑，充满历史气息。参观拉穆岛可以充分感受原始、地道的沿海风情，在这个世界上是独一份的存在。

作为非洲斯瓦希里文化的发源地，拉穆古城已有 700 多年的历史，并于 2001 年被列入《世界遗产名录》，现在仍保留着传统的生活

---

① 《寻访郑和航迹 揭开历史迷团》，《水路运输文摘》2005 年第 5 期，第 65 页。

方式。^①这里的建筑是斯瓦希里和阿拉伯风格的综合体，即便新移民的白人建造的房屋也保持着同一风格。这个古城还是东非最古老、保存最完整的殖民地遗址。葡萄牙人、中国人、阿拉伯人均在此留下印记。古城在历史上是重要的驿站，公元9世纪起阿拉伯人在此定居，15世纪郑和的船队途经此地，19世纪阿曼苏丹统治时期此地因象牙和奴隶贸易达到繁荣顶峰。^②在旁边帕泰岛上，有一些自称郑和船队水手后裔的人在此定居，有的还真有一些明显的中国人特征。

拉穆岛是拉穆群岛中人口最密集的一个岛，九成以上居民是穆斯林。当地人平日的活动主要包括单桅帆船巡航、水上运动、钓鱼和观鸟。之所以人口在此集中，据说是因为只有拉穆岛才能打出没有咸味的地下水。数百年来，岛上唯一的交通工具就是驴。这里有一句流传甚广的斯瓦希里谚语："如果一个人他没有驴，那么他自己就是一头驴。"由于岛上街道狭窄，只有1米左右的宽度，汽车没有施展才能的舞台，毛驴轻盈又能负重，必不可少。在拉穆登记户口时，驴也算家庭成员之一。目前，岛上没有车辆行驶，日常交通方式是步行、骑驴或乘船。拉穆岛上多蜿蜒小道，适宜步行探索，也可在当地租驴子环岛骑行。

在这个岛上，传统村落、拉穆堡垒、斯瓦希里住宅博物馆和驴子避难所是值得每个游客参观的地方。这里绝大多数建筑物都可以追溯到18世纪或之前，墙壁用的珊瑚石、支撑木门用的红树林柱子以及雕刻复杂的百叶窗等等，^③都是认识肯尼亚历史文化和自然禀赋的重要线索。

① 厉涵：《世界文化遗产——肯尼亚·拉穆古城》，《时代主人》2012年第10期，第25页。
② 东田：《去"蒙面的非洲"拉姆岛观光》，《中国地名》2012年第8期，第32—33页。
③ 东田：《去"蒙面的非洲"拉姆岛观光》，《中国地名》2012年第8期，第32—33页。

第四节　物产丰饶的西部农业重镇

西部肯尼亚鲜有人探索，却也蕴藏着无限神奇。那里有满目苍翠的高地、碧波盈野的茶园、水草茂密的沼泽地和遮天蔽日的赤道雨林，还有肯尼亚著名高峰埃尔贡山、非洲第一大湖维多利亚湖和肯尼亚第三大城市基苏木。

一　西部重镇基苏木，也是联合国千年城市

基苏木是肯尼亚西部的中心城市。它旧名"佛罗伦萨港"，是维多利亚湖畔重要的港口城市。这个西部城市有美丽的自然景观，繁忙的渔场、茂密的森林、壮观的火山口，无一不吸引着大自然的爱好者。

基苏木是肯尼亚咖啡、玉米、花生集散市场和渔业中心。城市以鱼类加工、棉纺织、制糖、酿酒等工业为主。城际交通发达，市内拥有一个飞机场，铁路直通内罗毕和蒙巴萨，拥有维多利亚湖内陆港口，湖运联系乌干达、坦桑尼亚的维多利亚湖诸港。基苏木市内陆路交通状况良好，有多条公路连接不同的地区。基苏木的基础设施比较完善，旅馆、酒店、餐厅和购物中心比比皆是，也有许多旅行社和导游为游客提供专业的旅游服务。

因在城市可持续发展方面表现出色、为联合国实现千年发展目标作出了积极贡献，基苏木在 2006 年 1 月 24 日被正式确定为世界第一个联合国千年城市，[①] 为其他城市的发展提供了可借鉴的范例和经验。

基苏木也是一个具有创新性城市规划和管理模式的城市。肯尼亚政府在此建立了科技园区和创新中心，用以吸引科技公司和初创企业进驻，也推出了一系列计划，鼓励创新和创业，为年轻人提供机会，

---

① 联合国千年城市计划旨在促进城市可持续发展，推动全球城市在基础设施、环境保护、社会福利、文化旅游等方面的发展。

以推动经济发展和社会进步。此外，当地政府还注重提高居民的生活质量和福利，同时也注重环境保护、资源利用和文化传承。

二　有世界遗产，也有地方美食

基苏木有着丰富的文化遗产，如传统的村庄和精美的手工艺品等，其中最出名的莫过于世界文化遗产——基苏木巨石。基苏木巨石由三块石头叠加而成，是肯尼亚卢奥族文化和宗教组织用来祈祷、朝圣并举办其他活动的场所，被联合国教科文组织列为世界文化遗产。这些石头在卢奥人眼中是神圣的象征，与他们的信仰和传统文化密切相关，也是基苏木旅游的重要景点之一。

基苏木的美食文化丰富多样，包括各种特色菜肴和当地特色小吃。基苏木咖喱肉就是一种非常受当地人欢迎的美食，咖喱肉的主料多为羊肉，也可以是牛肉和鸡肉，搭配非洲特有的香料和辣椒一起炖煮，最后加入咖喱粉和土豆，口感层次丰富，味道鲜美。基苏木最出名的街头小吃是基苏木薄饼，由玉米粉和水混合后煎制而成，口感酥脆，非常美味，深受游客喜爱。

三　可在凯里乔品茶，也可游山玩水

肯尼亚是世界前四的产茶国，凯里乔郡则是肯尼亚的主要产茶区，有 60 万茶农以家庭为单位经营着小型茶园。凯里乔出产肯尼亚最好的茶叶，其色泽诱人，味道清香。在这里，观看茶园壮观景象，到茶园和当地采茶人一起采茶叶、品茶等等，都是喜闻乐见的旅游体验。

除了令人惊叹的自然美景，肯尼亚西部还拥有缤纷多彩的文化与历史景点，如 2018 年被列入《世界遗产名录》的西穆里奇定居点考古遗迹（Thimlich Ohinga Archaeological Site）。此外，在卡卡梅加还会上演激动人心的斗牛表演。卡卡梅加森林也是绝佳的远足与观鸟地。坐在维多利亚湖畔，人们可以欣赏清澈的湖水、迷人的小岛、绿油油的水葫芦、飞驰的汽船、慢慢摇晃的渔船……感受这个非洲母亲湖的盎然生机。

四　粮仓埃尔多雷特

埃尔多雷特位于肯尼亚西南部富庶的瓦辛吉舒高原中心，海拔2100米，是肯尼亚的第五大城市。埃尔多雷特于1903年由英国殖民者建立，1910年成为英国殖民政府所在地。和肯尼亚其他重要城市一样，这里是"老米轨"蒙巴萨—乌干达铁路的重要站点，也是全国重要的公路枢纽。如今，这个城市是肯尼亚小麦、咖啡、茶叶集散地，有毛毯、乳品和木材加工等工业。当然，更为重要的是，这里农业和畜牧业发达，是肯尼亚的"粮仓"。

作为粮仓，埃尔多雷特有着非常优越的气候条件，还有着迷人的自然风光。距离埃尔多雷特约30公里的凯里奥峡谷是肯尼亚的旅游胜地，以其独特的自然景观和壮观的瀑布而闻名。凯里奥峡谷是一个深邃的峡谷，长80公里，最宽处仅10公里，落差达到1219米，是世界滑翔纪录的诞生地。在峡谷内，游客可以感受到大自然的力量和美丽，欣赏到壮观的瀑布和幽深的峡谷风光，通过徒步旅行、露营、滑翔伞等户外运动领略大自然的神奇之美。

对中国人来说，埃尔多雷特还有一个熟悉的地方，那就是由中国企业参与共建的"埃尔多雷特经济特区"。这个经济特区借鉴中国工业园区发展经验，计划建设成为东非乃至整个非洲有发展实力的经济特区。[①]2017年5月，"一带一路"高峰论坛期间，肯尼亚时任总统肯雅塔亲自见证了签约仪式；同年7月，时任副总统鲁托主持了经济特区开工仪式，并亲手为园区奠基。这个园区面积达8平方公里，运营

---

① 《我到非洲建特区（"一带一路"·我的故事）》，央广网，2017年5月2日，http://news.cnr.cn/native/gd/20170502/t20170502_523733921.shtml?agt=322，最后访问时间：2023年9月2日。

年限 99 年。在未来的发展中，埃尔多雷特经济特区将以农产品加工业、高新技术产业、家具业、轻工业（纺织服装）、机械、建筑六大产业为龙头，以原材料加工为主体，向工程、营销和贸易业并进齐发的经济特区迈进。

五　走出 40 多位世界长跑冠军

埃尔多雷特曾走出 40 多位世界级长跑冠军，被称为冠军之乡、长跑之乡，也是所有长跑运动员的"耶路撒冷"。这里居住着善于长跑的卡伦金人。卡伦金人擅长打猎，在长期追赶动物的过程中提升了自己的奔跑能力，其独特的基因也造就了他们的长跑天赋。[①]

草原、阳光和光脚跑步的小孩是埃尔多雷特每日清晨的经典画面。长跑是当地人的生活方式，更是他们与命运抗争的资本。同时，埃尔多雷特的长跑传统也为运动员营造了良好的训练氛围。这里远离工业和城市，红砂土、森林和草地取代了城市中的沥青和水泥，运动员可以专注训练。许多外国运动员都将来此训练看作提升成绩的重要方法。因此，埃尔多雷特渐渐成了田径界公认的世界上最棒的长跑训练地，每年有超过 400 位来自世界各地的优秀长跑运动员在此训练，其中不乏世界冠军、奥运冠军和世界纪录保持者。

除了运动员外，埃尔多雷特还聚集了来自全球各地的媒体人、教练和体育经纪人。许多非洲其他地区不出名但有潜质的运动员也汇聚于此，希望通过训练能够早一天被经纪人看中。被体育经纪人相中的长跑运动员可以获得免费训练的待遇，还能通过系统训练提升成绩，以此获得参加世界级比赛的机会。这是很多肯尼亚以及周边国家的年轻跑者提高经济收入和改善生活质量的重要途径。

[①] Faith Karimi, Idris Mukhtar, "The Reasons Why Kenyans Always Win Marathons Lie in One Region," CNN, November 6, 2019, https://edition.cnn.com/2019/11/06/africa/kenya-runners-win-marathons-trnd/index.html, accessed August 30, 2023.

第五节 湖光醉人的高原之地纳库鲁

纳库鲁是肯尼亚中部的重要城市。它曾是裂谷省首府，坐落在西南部高原上、梅南加伊火山口南麓，在内罗毕西北方向约150公里处。它是肯尼亚中部工农业中心，也是畜产品、咖啡、茶叶的集散中心，以农产品加工、毛纺、制革、木材加工等产业为主。纳库鲁也是肯尼亚政治人物辈出的地方，肯尼亚独立后的第一位总统肯雅塔和第二位总统莫伊，都来自纳库鲁。

一 曾是货物集散中心

纳库鲁的历史最早可以追溯到1900年左右。和其他肯尼亚大城市一样，当时的纳库鲁是蒙巴萨—乌干达铁路的一个重要站点。随着交通枢纽的进一步发展，纳库鲁逐渐成为一个货物集散中心，吸引了大量的移民和商人。

1920年，英国殖民政府宣布以当地的重要裂谷湖泊纳库鲁湖为核心建立国家公园，用以保护该地区的野生动物资源。这一时期，纳库鲁成为狩猎和观光场所，吸引着来自世界各地的游客。肯尼亚独立后，纳库鲁湖国家公园被重新定义，并得到了更好的保护和管理。也是这一时期，肯尼亚政府开始重视旅游业的发展，拥有丰富自然资源的纳库鲁地区得到了极大的发展。

二 中肯农业合作示范地

纳库鲁位于裂谷区，是一个火山带，这里气候温和，适合种植各种农作物，以玉米、高粱和蔬菜作物为主。

作为肯尼亚传统的农业区，纳库鲁也面临着农业发展的新挑战。为了解决农业发展过程中面临的水资源短缺、土地退化等问题，中国与非洲在"一带一路"倡议和中非合作论坛等机制平台上不断深化农业务实合作。纳库鲁郡的马坦吉提萨村是"'一带一路'南南合作农业教育科技创新联盟"在非洲建设的首批示范村之一。多年以来,中国的农业专家在当地开展了农业知识培训、种植技术指导和农业设施修缮等工作,很多中国农业相关企业也纷纷落地纳库鲁。这些助力措施极大地推动了中国先进农业技术在纳库鲁地区的示范推广,帮助当地农民实现增收减贫的目标。

2023 年 8 月,中国宣布实施"中国助力非洲农业现代化计划",提出愿在中非合作论坛框架内,同非洲进一步探索合作新路径,全面推进中非农业务实合作。纳库鲁作为肯尼亚农业中心,将在中非农业现代技术合作中扮演非常重要的角色。

三 叹为观止的火烈鸟群

中部肯尼亚,最吸引人的莫过于可以观看上百万只火烈鸟同时在湖面飞翔的壮观景象。这场面,真的只能用震撼来形容。

处于裂谷火山地带的纳库鲁湖、博格利亚湖、纳瓦沙湖等湖泊,湖水盐碱度较高,为火烈鸟捕食浮游生物创造了良好的生态环境,这里汇聚了世界三分之一的火烈鸟。每年雨季来临,大量火烈鸟都会从非洲南部飞来这里繁殖和栖息。百万火烈鸟集结的壮观画面令人神往。除了数量庞大,火烈鸟还因亭亭玉立、明艳动人而闻名遐迩。经常可以看见瘦高的火烈鸟单腿站立在湖中,另一条腿折起在腹部,摆弄出不同的姿势,犹如一个个高傲的"弗朗明戈"舞者。说来也巧,火烈鸟的英文名就是"flamingo",与西班牙狂放而激情的传统舞蹈"弗朗明戈"同音。可以说,火烈鸟就是非洲的"弗朗明戈舞者"。

火烈鸟有两种,粉色的吃水藻,白色的吃水里的微生物。那粉红的色彩就是来自水藻中丰富的类胡萝卜素。营养充裕的湖泊为火烈鸟提供了充足的食物,而火烈鸟从这些食物中得到了让自身美丽的元素。①成年火烈鸟体形较大，高 80—160 厘米，体重 2.5—3.5 千克。雄性火烈鸟的体形比雌性稍大。它们的羽毛洁白泛红，呈现朱红色的色调，尤其是翅膀基部的羽毛，光泽闪亮，远远看去，就像一团熊熊燃烧的烈火，这也是火烈鸟得名的原因。②它们有着高大的身躯，眼睛却很小；双翼展开可以达到 1.5 米，有一张双人床那么宽，甚是壮观。

因为火烈鸟，纳库鲁湖国家公园也被称为红色公园。这里的火烈鸟数量达到了 200 万只，是世界最大的火烈鸟栖息地，被誉为"观鸟天堂"。如果运气好的话，在云淡风轻的白天，你会看到无数火烈鸟一起从湖面腾空而起，组成一支整齐的队伍，犹如最热情的舞者一般，绕着湖面翻飞，瞬间整个湖泊都变成了火烈鸟的欢乐谷，场面壮观到难以言表。

当然，要看火烈鸟不仅有纳库鲁湖，博格利亚湖也是火烈鸟的主要栖息地。据当地人介绍，目前这里的火烈鸟数量已经超过纳库鲁湖，而且因为这里游客比较少，更适合安安静静地观赏火烈鸟。

四　地狱之门，007 电影在这里取景

地狱之门国家公园坐落在纳库鲁郡，距离内罗毕约 100 公里，位于世外桃源纳瓦沙湖南部。公园位于大裂谷内，东西跨度 12 公里。园中怪石嶙峋、沟壑纵横，一条又宽又深的峡谷穿过公园腹地，被陡峭的锈色石墙夹抱着。延绵数公里的火山岩峭壁远远望去酷似一面面浮雕，给人以无限的遐想空间，很是奇特。因为身处东非大裂谷内，所以地狱之门也被称作"谷中之谷"。

地狱之门国家公园是肯尼亚旅游非常特别的一个地方，不仅在于它那颇有震慑力的名字，也因为它曾经是《古墓丽影》和 007 系列等

---

① 柳云晰：《地球脸上最长的伤痕》，《聪明泉》2005 年第 10 期，第 32—35 页。
② 沈海滨：《狂野的东非》，《青年文学家》2018 年第 13 期，第 68—74 页。

著名电影的取景地，给全球观众都留下了深刻的印象。

　　这个公园鼓励骑行和徒步。整个公园里面几乎没有凶猛的食肉动物，可以保证骑行的安全。长颈鹿、斑马、羚羊和鸵鸟等动物随心所欲地吃草，可以从它们身边骑行而过。

第三章　走向独立的历史进程

你一定听过"人类从非洲起源"的说法，肯尼亚就是目前公认的人类起源地之一，几乎具有人类从猿到人的各个发展阶段，并有丰富的石器文化。在古时候，这片神奇的土地并没有一个明确的地名和国家实体，而是散落着很多从非洲大陆各地迁徙而来的民族部落，发展也非常缓慢。直到从事远洋贸易的阿拉伯人到来，其沿海地区才发展出城镇，也有了几个具有一定疆域的王国。在殖民时代，肯尼亚这片土地先后被葡萄牙人、阿曼人和英国人殖民，并在1920年从"东非保护地"变成"肯尼亚"，我们今天所认识的现代肯尼亚才基本成型。1963年12月12日，肯尼亚从英国殖民者治下独立，正式开启共和国之路。

在西方殖民者侵入之前，肯尼亚这块土地几乎没有建立全领域或较大地域的国家实体。它的40多个族群（民族、部族）各自循着自己的发展轨迹演化，各占地盘，互不统属。可以说，肯尼亚的历史在很大程度上就是各民族的形成和发展史。

第一节　人类从这里起源

大裂谷里出土了著名的"人类之母"——"露西少女"，[①]揭开了

---

① 1974年，美国人类学家唐纳德·约翰森的科考团队在东非大裂谷附近采集到了一具占完整骨骼40%的古猿化石。经判定，这是一具女性阿法南猿的化石。因为古人类化石非常难得，这次收获非常大，震惊了世界。这具化石被取名为"露西"（Lucy），她被认为是人类最著名的祖先。

非洲人类之源的新篇章。作为人类摇篮之一，肯尼亚这片土地也蕴藏着无数人类远祖的故事。它的西部地区有"迄今已知人类最早的祖先"，它的北边荒漠里也有"图尔卡纳男孩"在讲述人类往事。如果想探寻人类起源，一定不能错过肯尼亚。

一 这里有人类最早祖先

科学家们普遍认为，人类最早出现在东非，特别是在东非大裂谷湖泊附近的地区。肯尼亚的西部地区曾是人类祖先的栖息地，几乎经历了从猿到人的进化全过程。[①] 在肯尼亚发现的古猿年代最久远，距今约 1400 万年，它们还有个专门的名字，叫"肯尼亚古猿"。科学家认为这种古猿是人类的远祖。

除了古猿，在肯尼亚还发现了猿人和直立人的化石。2000 年 10 月以来，肯尼亚和法国的科学家在肯尼亚西部的巴林戈地区发现了被称为"迄今已知人类最早祖先"的化石。[②]

除了西部地区，在肯尼亚北部的图尔卡纳湖周边，考古学家也发现了距今 280 万年的人类祖先化石。难能可贵的是，这个地方的考古发现是连续性的，因为后来人们又发现了一些距今 250 万—100 万年的"能人"和"直立人"化石。所以，肯尼亚是人类摇篮之一的说法是千真万确的。

二 讲述人类往事的图尔卡纳男孩

1984 年，科考人员在图尔卡纳湖（也称鲁道夫湖）西岸发现了一具几乎完整的古人类化石。他生活的时间大约在 160 万年前，距离"露西"的阿法南猿种群，已经过去了 100 多万年。这具骨骼属于一个 8 岁男孩，他被命名为"图尔卡纳男孩"（Turkana Boy）。这是迄今

---

① 高晋元:《列国志·肯尼亚》，社会科学文献出版社，2010，第 50 页。
② 高晋元:《列国志·肯尼亚》，社会科学文献出版社，2010，第 51 页。

为止发现的最完整的早期人类骨骼。

"图尔卡纳男孩"属于匠人。他们身形高大，身材比例与现代人大体相当，也能像现代人一样直立行走，只是脑容量更小一些。匠人也被称作非洲的直立人，与亚洲的直立人非常相似，也有人认为二者属于同一种类。双脚直立使得他们能够适应长距离迁移。于是，人类离开生活了 500 万年的非洲，开始走向世界。目前，"图尔卡纳男孩"的化石陈列在内罗毕的肯尼亚国家博物馆。

100 多万年后的今天，如果你以旅行的方式回到图尔卡纳、回到东非大裂谷，虽然看不到"男孩"的踪迹，却可以感受人间的"沧海桑田"。你脚下的土地，是百万年人类生活的累积。

三　原始部落孕育希望

肯尼亚是人类的发源地之一，也有丰富的石器文化，但其在石器时代后的文化和社会发展十分滞缓，不仅落后于亚欧两洲，还落后于埃塞俄比亚、苏丹、乌干达等邻国。[1] 其中一个重要原因是肯尼亚的地理环境不利于它同外界的接触和交流：东部，除印度洋沿岸外，其余内地是一片难以通行的灌木丛生的莽原；西部，包括大湖以西，是高山密林；北部，除埃塞俄比亚高原外，都是一望无际的沙漠。整个东非内陆也有类似的不利条件，尼罗河上游的水生植物堆积，阻碍了这条世界大河的航运，使下游古埃及的灿烂文明未能溯河而上、泽及尼罗河源头诸国。[2] 所以，在古代，这里没有所谓的国家，也没有文字记载，更没有真正意义上的史书，有的只是一些零星散落的原始部落。

在早期，肯尼亚主要是以狩猎采集为生的部落居民的领地。这些部落从非洲内地陆续迁移到这里，有先有后，有的长期与世隔绝，有

---

① 高晋元：《列国志·肯尼亚》，社会科学文献出版社，2010，第 56 页。
② 高晋元：《列国志·肯尼亚》，社会科学文献出版社，2010，第 56 页。

的会与其他部落有一定接触，或因争夺土地而发生冲突，或因生活所需而相互交往。经过千百年的接触、冲突、共生、同化，各部落逐渐发展形成了当今的肯尼亚各族群。

这里的早期居民主要是四种"人"：科伊桑人、库希特人、尼罗特人和班图人。[①] 但现在几乎没有关于这些早期居民的任何资料，只能从口头传说和考古分析中推测他们可能从猿人进化并定居在这里，"靠山吃山、靠水吃水"。经过数千年的历史洗礼，很多早期的"人"都已经在肯尼亚这片土地上绝迹。

现今肯尼亚居民的祖先可以追溯到班图人及其前身。班图人的发源地大致在非洲中部。尽管没有历史记录，但考古学家、语言学家和历史学家通过分析东非各地发现的陶器碎片上的班图语痕迹，认为很多为了生存的班图人曾陆续向外迁移。在2500多年前，班图人开始向外迁徙扩张，其中的一支进入肯尼亚北部，并不断向中部地区迁移。他们与当地原始居民共同构成了现代肯尼亚人的祖先。

外来移民带来了新的技术和技能，他们与当地居民相互学习生活方式，并开始养殖牲畜，如牛、羊和驴。他们也带来了新的习俗和信仰，融合和发展为肯尼亚这片土地创造了多样化的文化。

第二节　远洋贸易加速文化交融

肯尼亚东南部的印度洋沿岸地区，是这片土地与外界接触的窗口。因为阿拉伯人的到来，这里逐渐发展成为印度洋贸易路线上的重要节点。同时，在当地部落、阿拉伯商人和印度商人的互动过程中，诞生了现代肯尼亚的一张名片 —— 斯瓦希里文化。

---

① 高晋元:《列国志·肯尼亚》，社会科学文献出版社，2010，第57页。

一　古时候的印度洋贸易集散地

与相对闭塞的非洲内地不同，包括肯尼亚沿海在内的东非沿海地区很早就有来自阿拉伯半岛、印度等地的生意人在此经商。

希腊人撰写的《红海环航记》中记载，至少在公元前1世纪初，阿拉伯半岛、波斯湾、西印度和东非沿海之间就开始了贸易往来。那时候，人们发现每年11月到次年3月，季风从印度吹向西南的非洲，而到了4月风向会神奇反转，从4月到10月，风向变成从非洲东海岸吹向东北方的印度。于是，利用印度洋上的季风规律，借助风力，人们大大缩短了跨越印度洋的航行时间，从印度到东非近5000公里的航程只需要25天就能完成。因此，商人们每年在11月至次年3月东北季风来临时就带着玻璃、珠宝、瓷器和棉织品等商品，驾驶着单桅三角木帆船从阿拉伯半岛、印度等地出发来到东非沿岸进行商贸交易，然后在6月至10月又带着象牙、犀角、龟甲、黄金等非洲商品乘西南季风回航。肯尼亚沿海地区的贸易活动就这样发展起来。尤其重要的是，这里出现了由阿拉伯人主宰的沿海商业城镇或城邦。

14世纪后，随着印度洋贸易的繁荣，蒙巴萨和马林迪崛起为新兴的贸易集散地，控制了东非沿海同红海、波斯湾与印度的交通和贸易。当时肯尼亚沿海的许多较小港口市镇都是转口港，主要交易象牙、兽皮、农产品、龙涎香和玛瑙贝等。到15世纪初，从摩加迪沙到基尔瓦的东非沿海共有37个大大小小的城镇，其中有不少位于肯尼亚沿海，如曼达、帕特、拉穆、翁格瓦纳、马林迪、格迪、基勒普瓦、蒙巴萨等。它们中较重要的是曼达、帕特、马林迪和蒙巴萨。[①]

在贸易发展和不断的人员交往过程中，沿海地区也成为不同文化交往的纽带。其中，阿拉伯人的到来和定居是现代肯尼亚形成的关键。

---

① 高晋元：《列国志·肯尼亚》，社会科学文献出版社，2010，第60页。

二 阿拉伯人来此定居

早些时候，来来往往的阿拉伯商人只是经常光顾肯尼亚沿海的商业哨所，进行奴隶、香料、象牙和其他商品的贸易。他们一开始来这里只是为了做生意，并没有长期落脚的想法。但是，人算不如天算。公元 7 世纪，阿拉伯帝国兴起，为了躲避战乱，大量阿拉伯、波斯和印度的移民陆续漂洋过海来到东非沿海。有些人一开始只是为了从事商业活动，但后来开始在这里定居。

由于商贸往来的便利性及其他经济政治因素，越来越多的阿拉伯商人来到东非沿海定居，成为这里一股不可小觑的力量，还促进了当地农业和商业的发展。到公元 800 年左右，这些小社区已经发展成具有一定规模的城市。①

除了做生意，大量阿拉伯人的到来还在当地形成了新的族群，他们给定居地取名斯瓦希里（Swahili）。"斯瓦希里"一词本身来自阿拉伯语中的"Sahil"一词，原意是"海岸的"。地图上的斯瓦希里大致上是从索马里摩加迪沙（Mogadishu）到莫桑比克赤布尼（Chibuene）一线绵延 3000 多公里的沿海地带，包括非洲大陆东部边缘地区和众多离岸岛屿。

斯瓦希里地区处于非洲大陆与印度洋的交界地带，自古便是各类人群的接触之地，②具有民族、文化大融合的基因。这个地区本来是贸易、生产、生活等相互联通、相互交融的，是印度洋贸易圈和非洲贸易圈的重要组成部分，也是一个"文化共同体"。后来，由于殖民时代的到来，也就是 19 世纪末，非洲被西方殖民者陆续瓜分。斯瓦希里地区也未能幸免，被殖民者强行划分成了 5 个地区，形成了今天的

---

① "Kenya," South African History Online, https://www.sahistory.org.za/place/kenya, accessed April 5, 2024.
② 丁雨：《斯瓦西里考古研究概述》，《古代文明》（辑刊）第 14 卷，2020，第 210—224 页。

索马里、肯尼亚、坦桑尼亚、莫桑比克和科摩罗。人为的国境线划分也在一定程度上对文化产生了隔离效果。

现在,"斯瓦希里"已经有了丰富的内涵,衍生为一个群体、一种语言、一种混合型文化,以及这一文化所在区域的代名词。不同种族的人们在这里通婚,多种文化相互交融,形成了属于混血人种的斯瓦希里人和混血的斯瓦希里文化。

三 诞生文化混血斯瓦希里

斯瓦希里文化以非洲本土的班图文化为基础,融入了大量的阿拉伯元素。其中,对斯瓦希里文化影响最久远的是阿拉伯移民和商人带来的信仰 —— 伊斯兰教。

早在公元 9 世纪,阿拉伯商人就把伊斯兰教带到了东非沿岸。有一些东非沿海地区的人接受并皈依了伊斯兰教,并将其本土化。例如,斯瓦希里人对待死者的方式、举行葬礼和祭拜祖先的方式、清真寺内的空间和摆放器物的方式都非常具有本地特色,是一种非常独特的伊斯兰教形态。当然,更为重要的是,伊斯兰教带来了阿拉伯文字。要诵读《古兰经》,传教人士就必须开设相关课程和教授文字。因此,《古兰经》所采用的阿拉伯文逐渐传入斯瓦希里,当地人也开始用阿拉伯文字书写诗歌和历史,这进一步推动了斯瓦希里文化的发展。[1]渐渐地,这一地区形成了可观的伊斯兰学者群,他们加速了伊斯兰文化在东非沿海地区社会生活各方面的传播。

受到阿拉伯文化的影响,当时还出现了大量套用阿拉伯诗歌体裁的斯瓦希里诗歌。诗歌内容上更是出现了对与东非沿海风物毫不相关的大漠、骆驼等意象的描写,也出现了很多采用阿拉伯素材进行创作的民族文学作品。在阿拉伯文化的影响下,东非城邦史学也得到发

---

① 何芳川、宁骚主编《非洲通史》(古代卷),华东师范大学出版社,1995,第360页。

展，流传至今的很多东非城邦的编年史都使用了阿拉伯文或阿拉伯字母拼写的斯瓦希里语。[①]

四 形成东非共同符号

斯瓦希里语是斯瓦希里文化最重要的标志和载体。[②]它是一种源自班图语的语言，伴随着阿拉伯人在东非沿海的定居和发展，受到阿拉伯语的影响，在这些沿海地区发展成为不同民族之间贸易的通用语。随着商贸范围的扩大和人口迁徙，斯瓦希里语在非洲各部族中如同"普通话"一般逐渐被非洲内陆国家及地区的人们所接受。斯瓦希里语没有文字，也没有早期的文字记录，全靠口口相传延续至今，并与阿拉伯语、豪萨语并列非洲三大语言。

在天主教和基督教传入东非的时候，为了方便传教，传教士不得不学习斯瓦希里语。只有用斯瓦希里语传教后，当地老百姓才能听懂教义，才有越来越多的人来教堂做礼拜。第一次世界大战之前，来自德国的传教士们把斯瓦希里语的文字形式从阿拉伯字母转为拉丁字母，并将此书写系统在殖民地教育系统内部进行推广。这种转变降低了斯瓦希里语文字的学习门槛，使得斯瓦希里语使用人口的识字率逐步上升。德国人想要把斯瓦希里语打造成为非洲的一个标志，甚至在德国殖民政府内部也推广斯瓦希里语，用斯瓦希里语来处理政府公务。这些做法可以更好地管理当地人。于是，在当地就形成了这样一种共识和学习氛围：学习和使用斯瓦希里语有助于找到一份更好的工作。慢慢地，当地识字的人越来越多，这就形成了一种共同体意识。斯瓦希里语也逐渐在东非地区成为一种民族共同体符号。很多殖民反抗运动就是在这样的环境下慢慢孕育的。其中，最知名的就是推

---

① 阎鼓润：《阿拉伯—伊斯兰文化对斯瓦希里文明的影响》，《中国穆斯林》2013年第2期，第56—58页。

② 陈元猛：《斯瓦希里语在中国的传播》，《现代传播》1999年第2期，第75—80页。

动肯尼亚独立的"茅茅运动"。

非洲大陆已有的语言共有1000—2000种，几乎占据了世界语言种类总数的1/3。在这么多的非洲语言中，斯瓦希里语是唯一一门大范围跨境使用的非洲本土语言。除了肯尼亚，坦桑尼亚、乌干达也都把斯瓦希里语定为国语。在刚果民主共和国、马拉维、莫桑比克、赞比亚等国家，很多地区都讲斯瓦希里语。在索马里、南苏丹、科摩罗群岛、马达加斯加北部、南非和阿曼等地，部分人也把斯瓦希里语作为交际语言。

目前，全球有超过1亿人在使用斯瓦希里语，仅东非就有5000余万人说这门语言。真可谓："学好斯瓦希里语，走遍东非都不怕。"当然，随着全球各地的相互交流和文化融合，斯瓦希里语也在不断变化。在肯尼亚，内罗毕人说的是混合着英语的斯瓦希里语。如果你想听相对纯正的斯瓦希里语，一定要去海边。

第三节　殖民时代开启，正式得名"肯尼亚"

1498年，葡萄牙人在寻找去印度和东方的海路时来到东非沿岸。自此，肯尼亚沿海地区的阿拉伯势力被削弱，葡萄牙人、阿曼人和英国人先后登场，并相继控制过这里。英国殖民者的统治至今还对这里有着深远影响。"肯尼亚"这个名字也是在这一时期正式成为这片土地的统称。

一　近200年的葡萄牙统治

1498年，葡萄牙探险家瓦斯科·达·伽马首次率船队抵达肯尼亚沿海城市蒙巴萨。当时的肯尼亚沿海有很多个城邦，且互有嫌隙，不是"铁板一块"。蒙巴萨国王对葡萄牙人有敌意，认为其来者不善，但与蒙巴萨关系不好的马林迪友好接待了葡萄牙人，还允许达·伽马在海边建筑了石头十字架。不过，马林迪国王的友好姿态并没有打消葡萄牙人的真实意图，他们的目的是夺取据点、控制贸易、劫掠和榨取财富，捎带传播基督教。①

事态的发展正如蒙巴萨国王所担忧的一样，葡萄牙人借助各城邦不和的契机，利用武力各个击破。1505 年，蒙巴萨遭葡萄牙舰队炮轰和洗劫。1506 年，拉穆和帕特受葡萄牙人袭击后被迫投降，马林迪则宣布效忠葡萄牙。至此，葡萄牙人从阿拉伯人手里夺占了肯尼亚和部分东非沿海城邦，并在接下来的两个世纪（1505—1698）里将其作为殖民资产。后来，肯尼亚沿海几个城邦也尝试过起兵反抗，但均以失败告终，只能选择纳款求和。

16 世纪中期，土耳其人建立的奥斯曼帝国崛起于西亚北非，并不时袭击东非沿海北部，②与葡萄牙人争夺当地控制权。为了加强对肯尼亚沿海的控制，葡萄牙人重点建设蒙巴萨，并在 1593 年修建了著名的耶稣堡，派重兵把守，耶稣堡也因此成为葡萄牙人在东非的要塞堡垒。今天，耶稣堡已经是肯尼亚的世界文化遗产。

二　近 200 年的阿曼伊斯兰政权统治

1650 年，阿拉伯半岛上受葡萄牙殖民统治的马斯喀特阿曼③（即阿曼）成功赶走了葡萄牙人，于 1696 年开始围攻蒙巴萨，并在两年后攻克了葡萄牙人在肯尼亚的堡垒 —— 耶稣堡。④ 从此，葡萄牙人被赶出肯尼亚，只能专心经营非洲东南部的莫桑比克。肯尼亚沿海城邦被阿曼人主宰，其统治时长达到两个世纪（1698—1895）。

和葡萄牙人如出一辙，阿曼人在肯尼亚沿海的统治也集中在以蒙巴萨为中心的重要据点。当地各城邦名义上服从阿曼统治者，实际上

---

① 高晋元:《列国志·肯尼亚》，社会科学文献出版社，2010，第 70 页。
② 高晋元:《列国志·肯尼亚》，社会科学文献出版社，2010，第 70 页。
③ 因为这时候的阿曼首都在马斯喀特，所以称为马斯喀特阿曼。
④ 1728 年，葡萄牙人一度重占耶稣堡，但第二年又被逐走。

各自为政，且对阿曼人心怀怨恨。这一时期，伊斯兰文化和沿海贸易有所恢复，但城邦之间经常发生矛盾和冲突。[1]

此外，阿曼统治集团内部也经常发生内讧，多个利益派别为争夺政权而大打出手，先后有来自不同家族或者政治利益集团的统治者上位。曾追随阿曼舰队攻陷耶稣堡的马兹鲁伊家族随后定居蒙巴萨，发展成为地方豪强，成为该地的实际统治者，直到1837年才被赶出蒙巴萨。

马兹鲁伊家族被赶出蒙巴萨后，阿曼君主重新控制东非沿海。1840年，阿曼君主赛义德将首都由原来的马斯喀特迁至东非岛屿桑给巴尔[2]。这一时期的阿曼也被称作桑给巴尔阿曼或者阿曼－桑给巴尔。阿曼统治者开辟了南、中、北三条深入非洲内陆的商路。其中北路以蒙巴萨为集散地，由此深入肯尼亚中部、西北部，经坦桑尼亚北部扩展至维多利亚湖地区。[3]蒙巴萨也再度热闹起来。

三　成为英国的"东非保护地"

真正给肯尼亚历史带来重大影响的殖民者是英国人。虽然英国人正式统治肯尼亚地区的时间是1895年，但实际上，早在19世纪初，英国就凭借海军力量在这一地区有了很强大的影响力。不过，在这一时期，英国人并没有真正占领和控制这里，只是通过支持和操纵阿曼－桑给巴尔对包括肯尼亚在内的东非一带施加影响。[4]值得注意的是，英国人自己不真正殖民这里，也决不允许其他殖民者染指东非。例如，法国人曾想在蒙巴萨建立据点，但在英国人的背后干预下失败。

1884年后，德国加紧了在东非的殖民扩张，这使英国人感到不安

---

① 高晋元:《列国志·肯尼亚》，社会科学文献出版社，2010，第72页。
② 桑给巴尔在西印度洋，临近肯尼亚南部海域，属于坦桑尼亚。
③ 高晋元:《列国志·肯尼亚》，社会科学文献出版社，2010，第73页。
④ 高晋元:《列国志·肯尼亚》，社会科学文献出版社，2010，第74页。

和不满，随即加紧了在东非的地盘争夺。在这一时期，不得不提及一个重要事件，那就是 1884 年 11 月 15 日的柏林会议。在柏林会议上，欧洲人在地图上瓜分了非洲，还互相达成了协议，英国获得了对东非大部分海岸的控制权。所以，有人认为这次会议是肯尼亚殖民历史的起源。后来，英德两国又在土地瓜分上讨价还价，划分势力范围。如今的肯尼亚等东非一大片土地被划给英国，只有一小块海岸带一直由阿曼－桑给巴尔的君主所有，直到 1963 年肯尼亚独立。

1895 年，英国政府正式建立了"东非保护地"（也称"东非保护国"），肯尼亚也正式被英国主宰。

四 1920 年更名"肯尼亚殖民地"

1895 年，英国殖民者刚接手时，肯尼亚这片土地属于"东非保护地"。"东非保护地"东起沿海，西至大裂谷。蒙巴萨一直都是外来殖民者统治肯尼亚的行政中心，直到 1907 年，英国人将内罗毕确定为"东非保护地"的首府，肯尼亚才开启了内罗毕国家行政中心的历史。

1920 年，英国政府将"东非保护地"改名为"肯尼亚殖民地"。这个名字来源于当地著名的圣山 —— 肯尼亚山。从此，"肯尼亚"成为这片神奇土地的统称。1902 年和 1926 年，英国先后将乌干达保护国的东方省和图尔卡纳湖以西地区划给东非保护地，并在 1925 年将肯尼亚东北地区的大片土地转让给了意属索马里，从而基本上确定了现代肯尼亚的疆域。

第一次世界大战期间，虽然主战场在欧洲，但远在非洲的肯尼亚民众也被卷入战争。当时，英国与德国在坦桑尼亚开战，许多肯尼亚人被征召协助英国军队对抗德国。据英国官方估计，有近 2.4 万名非洲人在这场战争中死亡。[①] 也有人认为这个数字不真实，实际死亡人

---

① "Kenya," South African History Online, https://www.sahistory.org.za/place/kenya, accessed April 5, 2024.

数要高得多。第二次世界大战期间，肯尼亚的遭遇和在第一次世界大战时如出一辙。4.7万名肯尼亚人自愿参战，帮助英国军队击败了当时驻扎埃塞俄比亚的意大利军队，[①]许多没有参战的肯尼亚人则通过后勤等其他方式支持英国军队。所以，肯尼亚人为二战胜利作出了很多贡献。

第四节　不畏艰险求独立

上文提到过，肯尼亚也被卷入第二次世界大战，这次参战给肯尼亚的历史发展带来了不容忽视的影响。一方面，战争磨砺培养出了引领政治运动及武装斗争的青年战士。另一方面，战争宣传推动了肯尼亚人反对殖民主义、争取民族独立的思想觉悟的形成。在数次罢工、抗议斗争失败后，"茅茅运动"逐渐发展为争取独立自由的武装斗争运动。在肯尼亚人的不断斗争下，英国政府不得不妥协。最终，肯尼亚于1963年12月12日宣告独立，走向新的时代。

一　一条铁轨背后的厚重往事

"一国造出铁路不稀奇，稀奇的是一条铁路造出一个国家。"这是肯尼亚国家博物馆内一块展示牌上的话，指的是英国在殖民时期修建的铁路缔造了肯尼亚的前身——"东非保护地"。这条百年老铁路见证了肯尼亚从遭受殖民到抗争独立的觉醒历史。因此，肯尼亚也被称作"诞生在铁轨上的国家"。在内罗毕的铁路博物馆里，退役的火车头和历史老照片讲述着这条百年老米轨的故事。

彼时"肯尼亚"这个名称尚不存在，有的只是"东非保护地"。

---

① "Kenya," South African History Online, https://www.sahistory.org.za/place/kenya, accessed April 5, 2024.

100 多年前，对于英国殖民者而言，这片土地只是挡在他们和维多利亚湖周围肥沃土地以及乌干达丰富矿藏之间的一片无名的荒原。为了打开乌干达的大门、加强对"英属东非"的控制，英国政府决定在东非修筑一条铁路，连接印度洋上的蒙巴萨港和维多利亚湖以及内陆的乌干达，并将其命名为"乌干达铁路"，利用铁路将广袤的土地据为己有。这条铁路于 1895 年 12 月从蒙巴萨开工，第一辆机车于 1901 年 12 月抵达维多利亚湖畔的基苏木，全线于 1903 年竣工。

为了修建这条铁路，英国人招募了数千名印度劳工。他们中的很多人在铁路修建完成后就留在了肯尼亚，此后他们的亲朋好友和一些印度商人也加入他们的行列，定居肯尼亚。这些印度裔移民不仅丰富了肯尼亚的社会文化，还为如今的印度和肯尼亚友好关系奠定了基础。

说回这条老米轨。对东非人民和肯尼亚而言，这条百年老米轨不仅仅是交通设施，更承载着这个国家沉重的历史记忆。因为这是一条用生命铺就的铁路。当年的修建艰难异常，超乎想象。"当时修建铁路的印度劳工没有现在的大型机械，很多铺设工作只能依靠简单的工具，甚至是徒手。"一些当地部族不满"铁蛇"入侵而拿起武器反抗，也使得铁路的修建举步维艰。博物馆的资料显示，从修建到竣工，共有 2493 名铁路工人死亡。他们多是死于当地部落袭击，疟疾、痢疾等传染病，以及令人闻风丧胆的"察沃食人狮"——它们多次袭击铁路工人、制造恐慌。讽刺的是，当时的一幅"乌干达铁路游"广告海报居然画着一位火车乘客拍手逗弄草原狮子的场景。乘着火车欣赏殖民地草原美景的英国贵妇、商人和探险家们享受着这条米轨的便利，工人们却为此付出了惨重的代价。"每一英里米轨铁路，都是由四条铁路工人的生命铺就。"所以，这条老米轨也被称为"疯狂的铁路"。[1]

---

[1] Sarah Gillespie, "On Board the New 'Safari Train' with Views of Elephants Through the Windows," The Telegraph, November 26, 2023, https://www.telegraph.co.uk/travel/destinations/africa/kenya/on-board-new-safari-train-kenya-madaraka-express/, accessed April 5, 2024.

不过,这条英国殖民者耗费大量人力、物力修建的铁路为这片荒原带来了翻天覆地的变化。铁路所经之处大农场纷纷兴起,肯尼亚的咖啡和牛肉借助铁路运输走向海外,经济的发展使得肯尼亚更有底气对英国统治者说"不"。铁路的修建还带动了城市的形成,如今的"东非小巴黎"内罗毕,便起源于铁路工人与当地马赛人以物换物的市场。① 当时的许多爱国人士乘坐火车,在肯尼亚四处演说,为独立运动争取支持。一些武器也通过铁路运送到了反抗军的手里,最终帮助肯尼亚走向独立。

在中国修建的蒙内铁路正式通车以前,肯尼亚只有这条百年铁路。如今,这条铁路某些路段还在坚持运营,但已经老化破旧,且速度较慢。不过,沿途可以观赏到察沃国家公园,饱览非洲草原的壮丽景色,乘坐这条铁路上的火车出行旅游,将是旅客人生中一段最难忘的旅程。

二　从未停止过反抗

为了巩固统治和扩大财源,英国人鼓励欧洲白人大量移民肯尼亚。这些白人享有特权,并在气候宜人、土壤肥沃的肯尼亚高原地区建立白人领地。1915 年的《皇家土地法令》使肯尼亚人雪上加霜,该法令剥夺了大部分剩余原住民的土地权利。在这一过程中,很多肯尼亚原住民,如马赛人、南迪人、基西人和基库尤人被驱赶进"保留地"(英国人控制的保护区),失去土地、成为无产者,很多原住民只能在白人的种植园或者农场里打工。例如,马赛人就被限制在保留地,他们的居住地一直被压缩在与坦桑尼亚接壤的地区,也就是现在著名的马赛马拉国家公园。

在英国殖民统治时期,本土肯尼亚人生活条件恶劣,几乎没有就业机会,也没有获得社会或法律正义的机会,并且受到通货膨胀、基

---

① 姚远、金正:《"铁轨上的肯尼亚"期待"中国制造"助其腾飞》,环球网,2017 年 5 月 29 日,https://world.huanqiu.com/article/9CaKrnK3agi,最后访问时间:2023 年 9 月 14 日。

本商品价格提高的严重影响。相比之下，大多数定居在内罗毕的欧洲白人和许多印度人享有显著的财富水平，还经常不尊重非洲原住民。白人权利在政治、经济和社会生活中的全方位、无限度扩张引发了当地民众激烈的反抗情绪。为了争夺各种权利，肯尼亚原住民曾多次尝试武装反抗，但都被无情镇压。即便肯尼亚原住民在第一次世界大战和第二次世界大战期间为英国军队立下汗马功劳，他们也没能换来平等权利和同等对待。

在肯尼亚原住民群体中，基库尤人是反抗运动的主要力量。他们一直没有放弃反抗殖民统治、争取自己应有的权利。从1920年起，肯尼亚各部族纷纷成立政治组织，提出诉求，呼吁在政治上给予非洲人更多的权利。在此期间，肯尼亚诞生了第一个本土政治组织——东非协会（EAA），该协会由现代肯尼亚第一任总统乔莫·肯雅塔等人于1921年成立。当然，这个东非协会在当时的统治者看来，就是绝对的"反动组织"，也经历了组织者被捕、活动被禁止等困难。1942年，肯尼亚非洲联盟（KAU）成立，肯雅塔也是其中的重要参与者。这些组织虽然力量较小，但在当时的肯尼亚人民中产生了重要影响，也震慑了殖民当局。后来，肯尼亚非洲联盟在几年后的"茅茅运动"中发挥了关键作用，对肯尼亚独立事业功不可没。

三 "茅茅运动"加速独立进程

了解非洲独立历史的人一定不会对"茅茅运动"感到陌生。这个名字听起来很"萌"的独立运动是肯尼亚历史上浓墨重彩的一笔。

为什么取名为"茅茅"（Mau Mau）？有一种说法认为，Mau Mau是当时起义者秘密宣誓以及在门外放哨时提示警戒的暗号；也有一种说法认为，这是"让外国人滚回家，让非洲人重新取得独立地位"的缩写词。

1942年，来自肯尼亚基库尤、梅鲁、坎巴等原住民族群的成员聚集在一起，宣誓团结一致，为摆脱英国统治而斗争。始于这一誓言，肯尼亚走上了争取国家主权的漫长而艰难的道路。1952年，"茅茅运动"打响了战斗的第一枪。"茅茅森林战士"、后方妇女和其他支持者与白人移民、保皇派和英殖民效忠者进行了长达8年的对抗。在整个"茅茅运动"中，内罗毕是斗争的核心地区，此外，裂谷地区的白人种植园和东部的基安布（Kiambu）、霍尔堡（Fort Hall）、尼耶利（Nyeri）等地也经常爆发激烈战斗。阿布戴尔等具有地形条件优势的山区则是起义者的根据地或者躲藏点。

"茅茅运动"的发生让英国殖民当局措手不及，殖民当局采取暴力镇压的方式，并不分青红皂白地逮捕当地人，导致数千名肯尼亚人被监禁。这进一步加剧了紧张局势，也让更多肯尼亚人加入"茅茅运动"。在这期间，乔莫·肯雅塔被指控为领导人和操控者，被判处7年监禁。1956年，"茅茅运动"的核心领导人德丹·基马蒂被捕，并于1年后被殖民者绞死。这也标志着茅茅军事行动走向低潮。

"茅茅运动"在军事上没有取得最终成功，1万多名肯尼亚人为此付出了宝贵的生命，[①]但它是肯尼亚争取独立斗争中的一个决定性事件。1959年"霍拉营地事件"（Hola Camp Affair）中有11名被捕的茅茅核心成员死亡，这严重威胁到英国对肯尼亚事态发展的掌控。1960年，英国解除紧急状态，标志着茅茅运动的主要武装斗争结束，肯尼亚的政治改革也正式进入快车道。

四　1963年，正式独立

1960年，英国政府在伦敦举行会议，讨论肯尼亚的宪法未来，并首次正式承认其独立的必然性。第一次有非洲政党参加的肯尼亚大选于1961年举行。1962年，乔莫·肯雅塔被释放，成为肯尼亚第一任

---

① "Kenya," South African History Online, https://www.sahistory.org.za/place/kenya, accessed April 5, 2024.

总理。1963 年 12 月 12 日，肯尼亚正式获得独立。同年，有 1500 名
"茅茅战士"走出森林向新政府投诚。肯尼亚结束了长达 68 年的英殖
民历史。1964 年，肯尼亚成为共和国，乔莫·肯雅塔担任第一任总
统。同年，肯尼亚加入英联邦。

第四章　多族群共建和谐家园

肯尼亚是非洲东部地区人口最稠密的国家之一，它的生育率高于全球平均水平。截至 2023 年，肯尼亚的人口约为 5510 万人，已经是非洲第七人口大国。[①] 高出生率、城市化趋势和年轻的人口结构是肯尼亚人口的主要特征。大量的年轻人口代表着肯尼亚的希望，独特的人口分布也让每一寸土地都充满了生活的韵律。肯尼亚是一个多彩多姿的国度，有 40 多个民族，每一个民族都有其独特的语言和文化，他们的存在让肯尼亚成为一个多元文化的熔炉。

第一节　潜力无限的人口结构

目前，肯尼亚的总人口不算太多，但是它的人口增长速度非常快。人口增长为国家带来活力，也预示着未来的无限可能。高生育率是肯尼亚人口增长的主要驱动因素。更为重要的是，肯尼亚的人口年龄结构呈现典型的年轻化特征，15—64 岁的劳动力人口占比接近六成。人口分布也充满了多元和活力。无论是高原上劳作的农民，森林中狩猎的猎人，还是海滩上以渔业和旅游业为生的居民，他们共同构成了肯尼亚多彩的人文画卷，各自以他们独特的方式，赋予这个国度丰富的生活色彩。

[①] 《肯尼亚》，世界银行网站，https://data.worldbank.org.cn/indicator/SP.POP.TOTL? locations= KE，最后访问时间：2024 年 11 月 13 日。

一 高于全球平均水平的生育率

2019年，肯尼亚人口有5095万人，短短4年后的2023年，增加了约415万人。[①] 难怪肯尼亚被称作"人口火山"，而且是一座不断喷发的、以生命为岩浆的火山。人口的每一次喷发，都预示着一个新的社会动态和经济挑战即将形成。预计到2030年，肯尼亚人口将超过6000万人。

高生育率是肯尼亚充满活力的源泉。根据2021年的数据，肯尼亚的总和生育率约为2.4，这意味着每名妇女平均生育2.4个孩子。尽管这一数值和过去几十年相比有所下降，但其仍然超过了全球平均水平。

肯尼亚的生育率在不同地区之间存在差异。一般来说，农村地区的生育率较高，而城市地区则较低。这主要是由于农村地区人们普遍更加依赖农业和家庭劳动力，更倾向于有更多的孩子来支持家庭劳动和农业生产。生育率还受到教育和经济因素的影响，受教育水平较低的妇女往往更早结婚和生育，而且会生更多的孩子。在贫困和缺乏增加收入机会的情况下，人们可能更倾向于依靠家庭劳动力来增加家庭收入，因此可能会有更高的生育率。为了控制人口增长和促进可持续发展，当地政府采取了一系列措施来推广家庭计划和生育健康服务。这些措施包括提供避孕工具和信息、改善妇女卫生和医疗服务、提供性教育以及推广女性教育和提高女性的经济参与等。

二 人口增长经历三个阶段

在过去几十年里，肯尼亚的人口经历了迅速增长。数据显示，20世纪60年代以来，肯尼亚的人口增长率一直保持在2%以上。尽管近

年来有所减缓，但人口增长依然相对迅速。人口快速增长不仅改变了肯尼亚的人口结构，也改变了它的社会格局。从人口总量的发展特征来看，肯尼亚的人口数量发展主要经历了三个阶段。

第一，20世纪初至独立时期。在20世纪初期，肯尼亚的人口数量相对较少，约为250万人[1]。到1963年独立时，肯尼亚人口已经增长到869万人左右。

第二，独立后的快速增长时期。独立后的几十年间，肯尼亚的人口迅速增长。这一时期的增长主要得益于高出生率、卫生条件改善和婴儿死亡率降低等因素。到1990年，肯尼亚的人口数量已经超过2300万人。[2]

第三，人口增长的减缓时期。20世纪90年代末以来，肯尼亚的人口增长率逐渐降低。这主要得益于教育水平的改善、生育保健和计划生育意识的提高。政府和非政府组织也采取了相关的人口控制措施。不过，尽管增长率有所下降，肯尼亚的人口仍在稳步增长。

三　千方百计降低死亡率

随着医疗水平的提高，肯尼亚总体死亡率呈逐年下降的趋势，平均寿命也有显著提高。根据最新的统计数据，肯尼亚2021年的总体死亡率约为8‰，[3]平均寿命约为61岁，[4]女性的平均寿命略高于男性。

然而，需要注意的是，死亡率在不同年龄段和不同地区之间可

---

① 《肯尼亚》，世界银行网站，https://data.worldbank.org.cn/indicator/SP.POP.TOTL?locations=KE，最后访问时间：2024年11月13日。

② 《肯尼亚》，世界银行网站，https://data.worldbank.org.cn/indicator/SP.POP.TOTL?locations=KE，最后访问时间：2024年11月13日。

③ Aaron O'Neill, "Kenya: Death Rate from 2011 to 2021," Statista, February 2, 2024, https://www.statista.com/statistics/580222/death-rate-in-kenya/, accessed February 24, 2024.

④ 《肯尼亚》，世界银行网站，2021年，https://data.worldbank.org.cn/country/kenya?view=chart，最后访问时间：2023年7月23日。

能有所不同。肯尼亚的儿童死亡率^①一直是一个被关注的焦点。根据 2021 年的数据，肯尼亚的儿童死亡率约为 4.2%。^②这表明肯尼亚仍然面临儿童生存和健康方面的挑战，特别是在贫困和偏远地区。

影响肯尼亚人死亡率的主要因素包括传染性疾病、非传染性疾病和意外伤害。传染性疾病如艾滋病、结核病、疟疾和肺炎等在当地仍然是重要的公共卫生问题。非传染性疾病如心脏病、癌症、糖尿病和呼吸系统疾病也对肯尼亚人口健康具有重要影响。同时，肯尼亚的健康服务可及性在一定程度上影响了死亡率。一些偏远地区的居民可能面临着医疗设施和专业医疗人员不足的挑战，从而无法获得及时和有效的医疗服务。此外，经济因素也可能限制了一些人获得高质量医疗护理的机会。

为了降低死亡率并改善人口健康水平，肯尼亚政府采取了一系列措施。这些措施包括加强传染病控制、改善基础卫生设施和医疗设备的可及性、提供普及的免疫接种计划、加强健康教育和推广保健观念等。

四 年轻人占六成

年轻意味着活力和希望。肯尼亚有极高的年轻人口比例，近 60% 的人口年龄在 25 岁以下。这些年轻的力量，展现出了肯尼亚强劲的生命力。2022 年，肯尼亚 0—14 岁人口约占总人口的 38%。^③这个年龄段的人口比例相对较高，可见在未来很长一段时间，年轻人仍将是肯尼

① 儿童死亡率是指在 5 岁以下儿童中每千名儿童的死亡人数。

② World Bank Open Data, "Mortality Rate, Under-5 (per 1,000 live births) –Kenya," World Bank, https://data.worldbank.org/indicator/SH.DYN.MORT?locations=KE, 2021, accessed March 24, 2024.

③ 《0–14 岁的人口（占总人口的百分比）-Kenya》，世界银行网站，2022 年，https://data.worldbank.org.cn/indicator/SP.POP.0014.TO.ZS?locations=KE，最后访问时间：2023 年 7 月 25 日。

亚的主要群体。这也反映出肯尼亚的高出生率和年轻人口的增长趋势。年轻人蕴藏着无尽的希望与梦想，象征着肯尼亚的未来，他们既是社会繁荣的动力，也是国家的希望。他们是科技创新的研发者，是社会进步的推动者，也是肯尼亚文化繁荣的实践者。

此外，肯尼亚中年人口占当地总人口的比重约为30%，他们肩负着经济和社会建设的重任。目前，肯尼亚15—64岁人口约占总人口的59%。① 这个年龄段的人口比例较高，反映出肯尼亚的劳动力资源较为充足。这些是肯尼亚的专业人才、政策决策者、社区领袖，也是家庭的经济支持者。他们在教育、医疗、工业、农业等各个领域发挥着不可或缺的作用，推动着肯尼亚的社会进步。

第二节　热闹都市与寂静乡野

肯尼亚的人口密度一直在上涨。该国的人口密度约为每平方公里93人，是世界平均水平的2倍多。② 和很多国家一样，肯尼亚的人口密度在不同地区之间有较大的差异，城市地区通常人口密度较高，而农村和偏远地区的人口密度相对较低。刚独立的时候，肯尼亚的人口密度整体还比较低，大部分人都住在农村。随着人口的增加和城市化速度的加快，人口密度也随之上涨。面对如此庞大的人口量，肯尼亚压力很大，毕竟它的土地面积不是很大。

---

① 根据世界银行公布的2022年肯尼亚0—14岁人口占比38%和65岁及以上人口占比3%的数据计算得出。《65岁和65岁以上的人口（占总人口的百分比）-Kenya》，世界银行网站，2022年，https://data.worldbank.org.cn/indicator/SP.POP.65UP.TO.ZS?locations=KE；《0-14岁的人口（占总人口的百分比）-Kenya》，世界银行网站，2022年，https://data.worldbank.org.cn/indicator/SP.POP.0014.TO.ZS?locations=KE，最后访问时间：2024年7月23日。

② 《人口密度（每公里土地面积人数）-Kenya》，世界银行网站，2021年，https://data.worldbank.org.cn/indicator/EN.POP.DNST?locations=KE，最后访问时间：2023年7月23日。

一 城市人口最密集

肯尼亚既有城市的快节奏，也有农村的悠然自得。这里的城市化率，也就是城市人口占总人口的比重约为29%，[①]人口分布比较集中的城市有首都内罗毕（467万人）、基安布（260万人）、纳库鲁（230万人）、卡卡梅加（197万人）、奔戈马（176万人）等。[②]很多城市的人口密度已经比一些发达国家还要高。鉴于目前的人口趋势，到2030年，肯尼亚将有一半以上的人口居住在城市地区。

近年来，一些城市周边地区的人口也在快速增长，形成了城市扩张和都市化的趋势。这可能是由于城市化带来的机会吸引了更多人口移居到城市周边地区。

城市拥挤，农村则冷清得多。如此不均衡的人口分布，给肯尼亚的社会和经济发展出了个大难题。比如，城市地区的拥挤、交通堵塞、住房紧张、环境污染等让人大呼受不了；而农村地区的低人口密度，限制了农业生产和资源开发，让贫困和不平等的问题继续存在。

为了解决这个问题，肯尼亚政府正在想办法。他们需要制定一些土地政策，确保土地资源的利用既公平又可持续。所以，肯尼亚的未来不仅仅是大城市的扩张和发展，还要让每个人都能在有限的土地上过上幸福的生活。

二 乡村人口较分散

肯尼亚农村地区土地面积较大，但人口分散。农村人口占肯尼亚

[①] 《城市发展 –Kenya》，世界银行网站，2022 年，https://data.worldbank.org.cn/topic/%E5%9F%8E%E5%B8%82%E5%8F%91%E5%B1%95?locations=KE，最后访问时间：2023年7月23日。

[②] 商务部国际贸易经济合作研究院、中国驻肯尼亚大使馆经济商务处、商务部对外投资和经济合作司：《对外投资合作国别（地区）指南：肯尼亚》（2023 年版），2024 年 4月，第15页。

总人口的 71%，[①]除了进城打工的人员以外，还剩下大约 65% 的人居住在农村地区，主要分布在肯尼亚的农业地带，如西部、东部和中央高地等。在这里，人们过着与都市完全不同的生活。他们在田野上耕作，享受着大自然的馈赠，生活节奏相对悠闲，是肯尼亚美丽田园风光的缔造者。

肯尼亚森林地区的人口比例较低，星星点点散落在各大山区。受到资源和交通等限制，这里的人学会与自然共生共处，靠山吃山，以狩猎和采集为主要生活方式。

相较于人烟稀少的山区，肯尼亚沿海地区分布着一些城镇和岛屿。除了蒙巴萨这样的大城市，其他地方并不拥挤。这里的人们依赖海洋，以渔业为生，生活节奏舒缓，过着充实的生活。当然，随着旅游业的发展，越来越多的人开始从事与旅游相关的行业，给这个地区注入了新的活力。预计不久的将来，很多海滩沿岸也将呈现一派欣欣向荣的景象。

三　高原人口相对稠密

因为气候宜人，肯尼亚人口最为密集的地区就是高原地区。依托于高原的肥沃土壤和温和气候，这里的人主要依赖农业生活，也热衷于农业生产，每一个村落都充满生机。

高原地区的生活方式对肯尼亚的经济发展具有深远的影响。当地的农业活动为肯尼亚的食品供应提供了稳定的支持，还通过出口丰富的农产品促进了经济增长。不过，随着肯尼亚人口的增长，肯尼亚也面临着农田过度开垦和土壤退化等问题，这是肯尼亚在可持续发展上需要面对的挑战。

[①]《农村人口（占总人口的百分比）–Kenya》，世界银行网站，2022 年，https://data.worldbank.org.cn/indicator/SP.RUR.TOTL.ZS?locations=KE，最后访问时间：2023 年 7 月 23 日。

第三节　44个部族的独特密码

肯尼亚民族众多，按不同的划分方式，可分为30—70种。目前，比较统一的看法是肯尼亚全国共有44个部族，分为班图、尼罗和库施特三大语系。其中，基库尤族为最大部族，但其人口也不比其他部族多很多。其他部族主要有卢希亚族、卡伦金族、卢奥族、马赛族、肯尼亚索马里裔等。[①] 此外，还有一些亚裔和欧裔，如印度和巴基斯坦后裔、阿拉伯人和欧洲人。2017年7月，以印度裔为主的南亚裔正式被列为肯尼亚第44个部族，成为肯尼亚多元民族大家庭的新成员。

一　人数最多基库尤

肯尼亚全国各主要部族的人口占比大多在10%左右，没有部族占绝对多数或绝对少数。基库尤族（Kikayu）是肯尼亚人口最多的部族之一，约占总人口的17%。[②] 他们主要居住在内罗毕和肯尼亚山之间的中部地区。据传，他们大概是在公元1500年从东北部迁移而来的。基库尤人是非洲古老民族班图人的后代，所使用的基库尤语也是班图语的一种。

基库尤人生活的地方是气候凉爽的中部高原地区，适合发展农业，所以他们历来以农业为生，种植高粱和山药等农作物。由于气候良好，基库尤人所生活的地方是当时最重要的殖民统治区域。他们也是最早采用欧洲式资本主义和货币经济的肯尼亚民族之一。他们在商业、农业和政治方面具有显著影响力，还以勇敢、坚毅、顽强著称。

---

① 《肯尼亚国家概况》，中华人民共和国外交部网站，https://www.mfa.gov.cn/web/gjhdq_676201/gj_676203/fz_677316/1206_677946/1206x0_677948/，最后访问时间：2024年2月15日。

② 也有说法认为基库尤人占肯尼亚总人口的22%，但17%的说法被采用得更多。

在同大自然的搏斗中，他们是辛勤的劳动者；在同殖民主义进行斗争的岁月里，他们又是无畏的战士。推动肯尼亚从英国殖民者手中独立的"茅茅运动"，其主要成员就是基库尤人。被称为肯尼亚"国父"的第一任总统乔莫·肯雅塔也出身于基库尤族。

如今，他们被认为是肯尼亚政治和经济上最强大的群体。

二　名气最大是马赛

在肯尼亚的大草原上，生活着喜欢穿着红色裹布的马赛人（Maasai）。他们是非洲大草原上最富有传奇色彩的原始部族，在邻国坦桑尼亚也有分布。他们是牧民，人口虽不多，但名气最大，生活在广袤的土地上，与野生动物共享大地。他们的先民来自苏丹，是尼罗河游牧部落文化的传承者。

马赛人普遍身形清瘦修长，衣着艳丽，以善于跳高为美。他们有着丰富的传统文化，其歌舞和色彩鲜艳的服饰在全世界都有知名度。他们喜爱带有赭红色格纹图案的传统服饰，这种服饰在当地被称为"shukas"。女人穿红色长袍，多剃光头，喜欢以珠串、大耳环为饰品，且都密密麻麻戴着臂圈和脚踝圈，有的重达半斤多；年龄越大饰品越多，显得一身珠光宝气。男人把头发编成许多细辫，会穿耳孔，用皮圈或小铃铛作为耳饰，脖子上也会挂彩色珠串。

马赛人以肉、奶为食，喜饮鲜牛血。对他们来说，牛是一种重要的财富象征，并且在他们的社会和宗教仪式中占据着重要地位，娶亲要用牲畜作聘礼。他们实行一夫多妻制。男女分工很明确，男人负责放牧照顾牲畜，而女人要承担建房子、取水、砍柴、做饭、养儿育女的重任。他们还有一种特殊的习俗，会拔掉一颗下排门牙用于吃药，因为他们认为药从嘴里喝进去药效不大，只有从牙洞进入身体才能药到病除。

尽管现代化和全球化正在慢慢改变他们的生活方式，但马赛人仍保留着传统的游牧生活方式。

三　天生跑者卡伦金

卡伦金族（Kalenjin）是肯尼亚的重要民族，约占全国人口的11%。[①]他们主要分布在肯尼亚西部和东部地区，以农业和畜牧业为主要生计方式，擅长种植茶叶、咖啡和谷物等作物。2022年大选获胜的鲁托总统就出身于卡伦金族。

卡伦金人生活的地区土壤一直十分贫瘠，一直到20世纪60年代，他们才有机会获得和世界其他地区相当的营养物质。但是，这个民族的人非常善于跑步，尤其是长跑。在1968年的墨西哥城奥运会上，卡伦金族长跑运动员基普乔格·凯诺摘得男子1500米项目金牌，从而让很多人首次关注到这个小部落。自此之后，卡伦金人开启了一个对于长跑项目的垄断时代，拿到了肯尼亚70%以上的奥运会奖牌。因此，卡伦金人也被誉为"天生的跑者"。

四　其他族群各有所长

卢希亚族（Luhya）是肯尼亚的重要民族，约占全国人口的14%，[②]由大约18个亚群组成。他们主要分布在肯尼亚西部地区，位于维多利亚湖和埃尔贡山之间。他们以农业和手工业为主要经济活动，擅长种植玉米、花生和棉花等作物。很多卢希亚人居住在人口密度高的地区，这不利于开展农业生产。因此，卢希亚人是该国最贫困的民族之一，许多人不得不迁移到大城市寻找工作。

[①]《肯尼亚国家概况》，中华人民共和国外交部网站，https://www.mfa.gov.cn/web/gjhdq_676201/gj_676203/fz_677316/1206_677946/1206x0_677948/，最后访问时间：2024年2月15日。

[②]《肯尼亚国家概况》，中华人民共和国外交部网站，https://www.mfa.gov.cn/ web/gjhdq_676201/gj_676203/fz_677316/1206_677946/1206x0_677948/，最后访问时间：2024年2月15日。

卢奥族（Luo）约占全国人口的10%。[1]他们主要聚居于肯尼亚西部大湖地区，从事畜牧业和种植业。在历史渊源上，他们和乌干达等国的图西族同源，由古老的游牧部族演变而来。卢奥族的主要谋生手段从放牧逐渐转变为农耕和养畜、捕鱼，也有不少人从事自由职业和商业。他们还以适应能力强著称，在文化教育和技术素养等方面有较高水平。[2]

当然，肯尼亚这些主要民族的人口数量相差都不大，占总人口10%的还有坎巴族（Kamba）。他们主要居住在乌坎巴高地中部，最初被认为是从坦桑尼亚乞力马扎罗山地区迁徙而来的。他们主要以农业为生，种植玉米、小米和高粱，也有一些是牧民。最近该地区的人口过剩和水土流失导致许多坎巴人搬到附近的内罗毕。篮子和木雕等工艺品是他们经济的另一个重要来源。坎巴人和基库尤人同属一个种族，他们拥有相似的传统宗教信仰，崇敬至高神恩盖（Ngai）和祖先灵魂。[3]

除了那些人数比较多的民族外，其他民族也各具特色。比如，南迪人以勇武和团结著称，20世纪初他们对入侵的英国殖民军进行了顽强抵抗。图根人一般体型较小，性格随和。他们在北部以农耕为生，在南部以饲养牛羊为生。埃尔格约人对牛特别珍视，殖民地时期当兵当警察的人很多。马拉奎特人生性豪迈，有几个家庭轮流牧牛的习俗。波科特人又称苏克人，大部分以放牧为生，仅约1/4的人务农，务农者有割礼，而牧人则没有这种习俗。[4]

---

[1] 《肯尼亚国家概况》，中华人民共和国外交部网站，https://www.mfa.gov.cn/web/gjhdq_676201/gj_676203/fz_677316/1206_677946/1206x0_677948/，最后访问时间：2024年2月15日。

[2] 高晋元：《列国志·肯尼亚》，社会科学文献出版社，2010，第69页。

[3] Ariana Cole, "Ethnic Groups in Kenya Overview & Facts," Study.com, November 21, 2023, https://study.com/academy/lesson/kenya-ethnic-groups.html, accessed April 10, 2024.

[4] 高晋元：《列国志·肯尼亚》，社会科学文献出版社，2010，第68页。

第四节　宗教与文化的多元融合

可能是受曾经的宗主国英国的影响，肯尼亚这个非洲国家居然有超过七成的民众信仰基督教，基督教的影响力大大超过了本土原始宗教。同样，因为自古就有大量阿拉伯人来此生活，这里的穆斯林也不少，主要集中在沿海地区。如今，全球化为肯尼亚带来大量新移民。他们带来了不同的经验、技能和文化背景，碰撞出新的火花，也丰富了肯尼亚的文化色彩。

一　基督教信众最多

在肯尼亚，最主要的宗教是基督教。大约有74.4%的肯尼亚人将自己视为基督徒，其中，33.4%信奉基督教新教，20.6%信奉天主教，20.4%信奉基督教福音派。[①]基督教在肯尼亚的影响无处不在，无论是在首都内罗毕的现代教堂，还是在乡村小径上，你都能感受到这份深深的信仰。

信奉伊斯兰教的人大约占总人口的11%，其余则信奉原始宗教和印度教。[②]伊斯兰教随着阿拉伯商人的到来而扎根肯尼亚沿海，随后传播到东北部等内陆地区，对肯尼亚产生了深远的影响。在日出时分，信徒们的祷告声回荡在空气中，为这片大地揭开一天的序幕。

同时，不可忽视的是，仍有一部分肯尼亚人坚守着传统的非洲宗教。他们大约占肯尼亚人口的1%。在这个数字背后，是他们对自然

---

① 商务部国际贸易经济合作研究院、中国驻肯尼亚大使馆经济商务处、商务部对外投资和经济合作司：《对外投资合作国别（地区）指南：肯尼亚》（2022年版），2022年12月，第8页。

② 商务部国际贸易经济合作研究院、中国驻肯尼亚大使馆经济商务处、商务部对外投资和经济合作司：《对外投资合作国别（地区）指南：肯尼亚》（2022年版），2022年12月，第8页。

的崇拜和对祖先的敬畏，如同古老的篝火，即使历经风雨，依然燃烧得很旺盛。这种对自然和祖先的原始崇拜，如同汩汩的溪水，流淌在肯尼亚的每一个角落。

二　移民带来融合与碰撞

国际迁徙也为肯尼亚的人口版图画上了色彩斑斓的一笔。有越来越多的外国人来到肯尼亚，他们可能是寻找更好生活机会的农民，也可能是在这片丰饶土地上投资兴业的商人。他们带来了新的观念、技术和经济活力，为肯尼亚社会的多元化增添了新的元素。这些移民主要集中在城市地区，是肯尼亚大家庭的重要组成部分。

肯尼亚政府制定了移民政策和法规，规定了外国人在肯尼亚的居留和就业条件。移民需要满足特定的条件和申请程序，以获得合法的居留权和工作许可。目前，肯尼亚的移民主要有以下几个来源。

邻国移民。肯尼亚与乌干达、坦桑尼亚、埃塞俄比亚和索马里等国家接壤，这些国家之间的人口流动非常频繁。一些邻国的居民来到肯尼亚寻求更好的工作机会、教育和医疗服务。

非洲其他国家移民。因为战乱、政治不稳定和经济困难等原因，一些来自刚果民主共和国、南苏丹、卢旺达等非洲国家的民众也很喜欢移民肯尼亚，他们希望在这里获得更好的生活条件和机会。

亚洲和欧洲移民。肯尼亚也吸引了一些来自亚洲和欧洲的移民。这些移民可能是出于工作、商业或投资等目的来到肯尼亚。值得一提的是，这里的印度移民非常多，肯尼亚是印度移民最多的非洲国家之一。自古就有印度商人跨越印度洋远赴肯尼亚沿海做生意，近代有印度劳工来修铁路而在此落户，现在又有很多印度人在这里经商。此外，在肯尼亚的中国人也不少。很多中国人因工作需要被派驻肯尼亚，有的选择在当地结婚生子、筑巢安家，不仅工作在那里，也生活在那里。

尽管受多种因素的影响，近些年来到肯尼亚的净移民数量在不断减少，但不同类型和不同规模的人口流动依然在持续，对肯尼亚的经济、社会和文化都产生着重要影响。

三 主要的难民接收国

除了移民以外，肯尼亚还是一个主要的难民接收国，是许多难民和流离失所者的目的地。由于战乱、政治不稳定和经济困难等多种原因，一些人不得不逃离自己的国家，到肯尼亚寻求庇护。肯尼亚政府和国际组织合作，向这些难民和流离失所者提供庇护和救助。这些难民在这里找到了新的家园，他们的到来也使肯尼亚的人口构成更加多元化。

肯尼亚接纳的难民主要来自邻国和其他非洲国家，尤其是索马里、南苏丹、刚果民主共和国、埃塞俄比亚和布隆迪等地。这些国家面临内部冲突、政治动荡、战争和人权问题，导致许多人被迫逃离家园。为解决难民问题，肯尼亚设置了数个难民营，用于提供庇护和临时居所。达达布难民营、卡库玛难民营和卡库玛第二难民营等是肯尼亚最大的难民营。

然而，难民问题是一个复杂的挑战，涉及人道主义援助、社会融合、安全考虑和可持续解决方案等多个方面。一些难民已经在肯尼亚生活了数十年。例如，来自索马里的难民在肯尼亚居住了数十年，部分难民的后代已经在难民营出生并成长。这给肯尼亚和国际社会管理和解决难民问题带来了挑战。

如今，肯尼亚政府制定了难民管理政策和法规，规定了难民的权益、居留和就业条件。同时，肯尼亚也与难民的来源国、联合国难民署（UNHCR）及其他国际组织进行合作，以促进难民的安置和可持续解决，如制定综合的政策和行动计划以保护难民的权益，促进他们的社会融入，并寻找持久解决方案，包括推动和支持难民返回原籍国、安置到第三国或在肯尼亚定居等。

第五节　斯瓦希里语是国语

肯尼亚是一个多民族多语言的国家，有着丰富多彩的语言文化。这里现有的部族语言有 68 种，其中 67 种是现存的语言，1 种已经灭绝；在现存的语言中，60 种是本土语言，7 种是非本土语言。[①] 肯尼亚的官方语言有两种：斯瓦希里语和英语。斯瓦希里语是肯尼亚人民之间交流的重要工具，在各种社交场合中被广泛使用。英语则是在殖民时期传入的，主要在政府、商业、教育等领域使用。

一　"社交之星"斯瓦希里语

走进肯尼亚，一定要学几句斯瓦希里语，也要了解了解斯瓦希里文化。在前文中，我们已经了解过斯瓦希里。它是肯尼亚乃至整个东非的一张名片，但它不是那种土生土长的非洲文明，而是东非沿海地区的人们在长期历史发展过程中不断与前来做生意的阿拉伯人交流融合而产生的。在肯尼亚，蒙巴萨、马林迪、拉穆等沿海地区是斯瓦希里文化的核心分布区。

斯瓦希里语于 1963 年被宣布为肯尼亚的国语，1974 年被宣布为肯尼亚新增加的官方语言，1985 年成为当地小学和中学的一门必修科目。[②] 当然，斯瓦希里语不是什么高冷的外语，它是肯尼亚人民之间超级受欢迎的交流工具，也是肯尼亚的热门"饭馆语"，更是肯尼亚当地和东非地区贸易的主导语言。如果一个人要出售或购买商品，他

[①] "Kenya Ethnologue", Ethnologue, May 30, 2021, https://www. ethnologue.com/country/KE, accessed July 22, 2023.

[②] Agnes W. Kibui, "Language Policy in Kenya and the New Constitution for Vision 2030," *International Journal of Educational Science and Research (IJESR)*, Vol. 4, Issue 5, 2014, p. 92.

必须能够用斯瓦希里语进行交流。若是去市场砍价，说上几句斯瓦希里语，商家会觉得你是个行家。

事实上，斯瓦希里语已经冲出东非，走向全世界。可能不知不觉之间，我们所有人都会使用那么几个斯瓦希里语单词。例如，苹果公司电子产品的语音助手 Siri 和浏览器 Safari 都是源自斯瓦希里语。喜欢电影《狮子王》的人应该都知道那句经典的台词 "hakuna matata"（哈库那玛塔塔），这是斯瓦希里语中的一句谚语，意思是"无须担心、无忧无虑"，相当于我国藏语的"扎西德勒"。除此之外，Beyond乐队呼吁和平的经典歌曲 Amani，其中所有的副歌歌词都是斯瓦希里语。迈克尔·杰克逊的经典曲目 Liberian Girl 和日本民谣歌手小野丽莎的温柔抒情歌曲 Malayika 等均含有斯瓦希里语歌词。

如果去肯尼亚，最好能学会几句斯瓦希里语，这样能让你快速融入当地。无论是参加婚礼、生日派对，还是只是在街头和当地人聊天，说上几句斯瓦希里语，瞬间就能打破僵局，融入热闹的氛围。你可以试着说 "Karibu"，意思是"欢迎"，也可以说 "Hongera"，意为"恭喜"，你会发现现场的氛围会瞬间被你点燃！而且斯瓦希里语还有一些超级实用的短语。比如你要找厕所可以问 "Choo wapi？"意思是"厕所在哪里？"这在旅游时可是大救星。

总之，斯瓦希里语是肯尼亚人民之间亲近交流的超级利器。不管是在街头巷尾还是参加大型活动，掌握一点点斯瓦希里语，绝对能让你的肯尼亚之旅更加充满乐趣和惊喜！

二 "万能钥匙"英语

肯尼亚是一个国际性的交汇点，各国人才荟聚，英语是必备的"通行证"。虽然不是母语，但英语是肯尼亚的官方语言。当地的政府文件、法律条文都是用英文书写，学校教育、商业交流也通用英语。

如果你要去肯尼亚做生意、工作或者旅游，英语是必备技能。谁要是在办公室大喊一声："Meeting time!"大家都会马上知道要开会商讨事务了。教育领域更是英语的天下。肯尼亚的许多学校都是英语授课，小朋友们从小就开始和英语亲密接触，许多重要的考试都得用英语答题。肯尼亚的大学也几乎都是英语授课。日常生活中，英语的使用也非常广泛。不仅在城市，就算是乡村地区，人们都可以使用英语交流。

虽然没有斯瓦希里语那样"接地气"，但是英语在肯尼亚确实很实用。无论你想做什么，只要拿出英语，就能在肯尼亚这个多元国家里找到共鸣，成为更自信的"国际通"。

三　其他语言也不少

除了斯瓦希里语和英语，肯尼亚的许多民族都有自己的语言，如卢欣达语、卡伦金语、卡库约语、鲁欧语、马萨伊语等。

卢欣达语在肯尼亚中西部广泛使用，是许多人在家庭和社区中主要使用的语言。卡伦金语是卡伦金人的母语，在他们的文化活动和传统中起着重要作用。卡库约语是肯尼亚的另一个重要民族——卡库约族使用的语言。卡库约人主要居住在中部和东部地区，卡库约语在这些地方被广泛使用。鲁欧语是鲁欧族的母语，也在他们的文化、音乐和传统中占有重要地位。马萨伊语是肯尼亚著名的游牧民族马萨伊族的语言，他们的语言在东部和南部地区被使用，这个语言反映了他们的生活方式和文化。

总之，肯尼亚的语言多样性反映了该国丰富的文化和多元的人口。无论是在正式场合还是日常生活中，这些语言都在沟通交往、传承传统、分享故事和传播知识方面发挥着重要作用。

第五章　独具一格的总统内阁制

从 1895 年 5 月英国建立"东非保护地",1920 年改名"肯尼亚殖民地",到 1963 年 12 月宣布独立,68 年的殖民地历史给肯尼亚的当代政治打下深深的烙印。如今,肯尼亚实行总统内阁制,是多党制民主国家。虽然政党总是不断分化重组,但肯尼亚政治总体还算稳定。在这里,总统是国家元首、政府首脑兼武装部队总司令,权力非常大。

第一节　政党众多,分化重组是常态

肯尼亚总统和执政党依靠多党民主选举产生,围绕肯雅塔与奥廷加两大政治家族产生的多个党派角逐总统大位,竞争非常激烈。由于党派成立和注销比较容易,肯尼亚的一大特点就是政党特别多,而且更新换代特别快。很多政党影响力有限,经常是在选举前匆匆组建,在选举后又快速沉寂。保留时间较长的政党往往不是单打独斗,而是组成各种政党联盟,抱团取暖。

一　从"一党制"到"多党制"

自 1963 年独立以来,肯尼亚的多党制建设可谓跌宕起伏,经历了建国初期短暂的政党多元化、一党集权体制再到多党竞争型民主体制的曲折演变。为此，肯尼亚共和国宪法也先后被修改 30 多次。[①]

在 1963—1969 年的多党制阶段，"肯尼亚非洲民族联盟"（简称"肯盟"）是执政党，其领导人是开国总统乔莫·肯雅塔。随着乔莫·肯雅塔在 1969 年和 1974 年连任总统，肯尼亚进入一党制阶段。1978 年肯雅塔逝世后，副总统丹尼尔·阿拉普·莫伊（后简称"莫伊"）继任总统。1982 年 6 月，莫伊推动修宪确立实行一党制，规定肯盟为国内唯一合法政党，摆脱了肯尼亚总统任期 5 年的限制。到了 20 世纪 90 年代，多党民主化浪潮冲击非洲，肯尼亚政治环境也受到影响。1991 年 11 月，英、美、日、法、德等西方国家和国际货币基金组织、欧盟、非洲开发银行及欧洲投资银行等国际机构以终止发放贷款为要挟，迫使肯盟修改宪法，取消一党制，重启多党民主选举，[②]还规定总统任期 5 年，连任不得超过 2 届。此后，在 1997 年和 2010 年，肯尼亚又先后多次修改宪法，以适应多党制的需求。

在多党民主体制冲击下，作为开国执政党的肯盟执政 40 年后于 2002 年走下历史舞台。[③]

二 总统选举很激烈

自 20 世纪 90 年代初实行多党制以来，肯尼亚多党民主选举基本上每隔 5 年举行一次，比较稳定且有规律。但是，每次总统选举过程都非常激烈。

截至 2024 年肯尼亚总共举行过 7 次议会和总统大选。在曾经

---

① 商务部国际贸易经济合作研究院、中国驻肯尼亚大使馆经济商务处、商务部对外投资和经济合作司：《对外投资合作国别（地区）指南：肯尼亚》（2022 年版），2022 年 12 月，第 5 页。

② 鲁嘉琪：《肯尼亚政党政治变迁及政党体制制度化研究》，硕士学位论文，浙江师范大学，2020，第 36 页；高晋元：《列国志·肯尼亚》，社会科学文献出版社，2010，第 121 页。

③ 曾爱平：《肯尼亚政党政治演变及特点》，《当代世界》2018 年第 4 期，第 58—61 页。

的执政党肯盟退出历史舞台后，全国彩虹联盟、全国团结党和朱比利联盟依次执政。没有单一政党长期保持执政地位。值得一提的是，这些曾经的执政党虽然名字不一样，但彼此之间都或多或少有一定联系，要么是结盟关系，要么是从属关系。可以这么理解，这是"一套班子，多个牌子"。例如，全国团结党本就属于朱比利联盟，后来因成立朱比利党而被解散。开国副总统奥廷加及其后人则一直身居反对党阵营，也先后组建了很多个反对党和反对党联盟参与大选，但除了"橙色民主运动"曾短暂执政以外，其余选举均以失败告终。

虽然从最终战绩来看，反对党一直在吃败仗，但其很多时候都是以微弱劣势落败。因为"惜败"居多，选票结果也比较接近，所以肯尼亚大选不仅异常激烈，还总有各种状况。2017年还出现过反对党拒绝承认选举结果、最高法院判决选举结果无效并重新选举的情况。这是肯尼亚和非洲历史上第一次有最高法院否决总统选举结果，引发了巨大争议。[①] 有时候，激烈的选举过程还会上升为不同阵营之间的暴力冲突。2022年，反对党再次以微弱劣势输给"势单力薄"的前副总统鲁托，引发人们对爆发激烈党派冲突的担忧。

三 政党不断分化组合

自从20世纪90年代启动多党制后，肯尼亚政党不断增多。截至2022年5月，肯尼亚共有90个在册政党。这些政党不断进行分化与重组，不断出现新政党、新政党联盟，也有些老政党被注销，且同一个政党的名称会经常变化。

在众多政党中，实力较强且多次在选举中胜出的是朱比利党。朱比利党（Jubilee Party）组建于2016年9月，前身是朱比利联盟

---

① 曾爱平：《肯尼亚政党政治演变及特点》，《当代世界》2018年第4期，第58—61页。

（Jubilee Coalition）。① "朱比利"意为 50 周年大庆，2013 年恰逢肯尼亚独立 50 周年，该联盟因此以"朱比利"命名。肯尼亚国父肯雅塔的后人就是朱比利党的主要成员。目前，朱比利党是国会第一大政党，并在 2013—2022 年执政。

其他实力比较强的政党包括前总理奥廷加成立的全国超级联盟（简称 NASA）、肯尼亚优先联盟（Kenya Kwanza Alliance），以及 2022 年新当选总统威廉·鲁托领导的肯尼亚第一联盟（Kenya Kwanza Alliance）和联合民主同盟（UDA）。

肯尼亚不仅政党众多，参加民主选举的政党也很多。例如，1992 年，有 8 个政党参加了首轮多党民主选举，到了 1997 年，这一数字直接增加到 15 个。② 可能也正是因为政党众多，单个党派的实力不强，所以肯尼亚的这些政党特别喜欢结盟。于是，全国彩虹联盟、朱比利联盟、改革与民主联盟、和平联盟、全国超级联盟等各种"联盟"陆续登场，然后又退场。有意思的是，这些政党之间没有绝对的"仇恨"，经常会因为选举竞争格局的变化而分化重组。比如，曾经的执政党朱比利党就在 2022 年和曾经的反对党组成团结纲领联盟（Azimio la Umoja One Kenya Coalition Party），并支持曾经的最大竞争对手竞选总统。

第二节　三权分立，总统大权在握

肯尼亚实行的总统内阁制，是一种带有议会内阁制特征的总统制，行政、立法、司法三权分立，不设总理一职。在实际的政治生活中，总统在中央和地方都有极大的权力。在肯尼亚历史上，担任总统时间

---

① 朱比利联盟组建于 2013 年 1 月 12 日，由当时的全国联盟、联合共和党、全国彩虹联盟、共和大会党联合成立。

② 曾爱平：《肯尼亚政党政治演变及特点》，《当代世界》2018 年第 4 期，第 58—61 页。

最长的是肯雅塔逝世后"临危受命"的莫伊，他从 1978 年到 2002 年一直都是肯尼亚总统，总统任期长达 5 届，24 年。由于现在的肯尼亚总统最多有 2 届任期，莫伊的总统任期也创造了历史。

一 总统集党政军大权于一身

根据现行宪法，总统由选民投票选举产生，为国家元首、政府首脑兼武装部队总司令，集党政军大权于一身。总统拥有最高行政权，有权从议会议员中任命副总统、总检察长和各部部长，组成内阁，也就是中央行政机构，并集体向议会负责。[①]虽然在多次宪法修改以后，总统权力被削减，但其依然手握大权。

立法权由政府及国会共同拥有，司法权独立于行政与立法权之外，但在实际的政治生活中，总统及总统府权力很大，总统的决定常由总统府宣布。除贯彻内阁决定、保证政府政策的实施外，总统府还负责协调各部之间及中央政府与各郡政府之间的关系。[②]总统府可召开各部常务秘书会议，讨论共同的政策和彼此间的问题。

政府各部由议会或总统根据议会规则设立，中央政府各部的设置变动较大。值得一提的是，肯尼亚沿袭殖民地时期的英国文官制度，各部设各级文职官员，为首的是常务秘书，负责协助部长行使职权，在部长指导和控制下监督本部工作。管理这一政府建制的中央机构是总统府人事局，局长负责对文职官员进行日常管理，并直接对总统负责。人事局局长是总统在文官系统方面的主要顾问，通过总统府常务秘书就有关文职官员的工作效率、福利等一般行政事务向总统提供咨询。

二 议会是最高立法机构

议会是肯尼亚最高立法机构，成立于 1963 年，当时分设有参议

① 高晋元:《列国志·肯尼亚》，社会科学文献出版社，2010，第 119 页。
② 高晋元:《列国志·肯尼亚》，社会科学文献出版社，2010，第 129—130 页。

院和众议院。1966 年修订宪法后，参议院被并入众议院，形成一院制，设立了国民议会。在 2010 年新宪法中，肯尼亚设立了国会制度这个新概念来代替实行了 48 年的国民议会制度，并恢复了参议院。根据宪法，议会为国家最高权力机构，议会拥有立法、讨论和审查国家重大政策、控制财政和监督政府等权力。议会还享有最高立法权，包括制定和修改宪法的权力。[①]

肯尼亚议会由国民议会和参议院组成，议员任期 5 年。本届国民议会由议长和 349 名议员组成，其中包括 290 名民选议员（代表全国 290 个选区）、12 名政党指定议员（按各政党在国民议会席位比例分配）、47 名民选妇女代表（代表全国 47 个郡）。议长和副议长由各党分别从本党非议员党员和议员中提名，由全体国民议会议员选举产生。[②] 国民议会主要职能包括：立法、决定国家税收分配、监督政府和国家财政支出、批准战争、延长国家紧急状态、弹劾总统和副总统、批准重要人事任命等。现任国民议会议长为贾斯廷·穆图里。参议院由参议长和 67 名参议员组成，其中包括 47 名民选参议员（代表全国 47 个郡）、16 名政党指定的妇女代表（按各政党在参议院席位比例分配）、2 名青年代表（参议院最大两党各 1 人）、2 名残疾人代表（参议院最大两党各 1 人）。参议长和副参议长由各党分别从本党非议员和议员中提名，由全体参议员选举产生。现任参议长是肯尼斯·卢萨卡。参议院主要职能包括：参与同各郡相关的立法、税收分配、财政支出以及参与弹劾总统和副总统等。[③]

---

① 高晋元：《列国志·肯尼亚》，社会科学文献出版社，2010，第 137 页。
② 《肯尼亚概况》，中央政府门户网站，2014 年 4 月 29 日，https://www.gov.cn/zhuanti/2014–04/29/content_2668381.htm，最后访问时间：2023 年 8 月 4 日。
③ 《肯尼亚国家概况》，中华人民共和国外交部网站，https://www.mfa.gov.cn/web/gjhdq_676201/gj_676203/fz_677316/1206_677946/1206x0_677948/，最后访问时间：2024 年 2 月 15 日。

三 司法体系健全

因长期受英国殖民的影响，肯尼亚的法律主要属英美法系，其法律体系由肯尼亚成文法、本土习惯法、英国普通法、肯尼亚批准的国际条约或公约以及少量伊斯兰法、印度法构成。[①]

根据新宪法，全国法院被分为高级法院和基层法院两个层级。高级法院体系分为三级，从上到下为最高法院、上诉法院、高等法院及特别法院。最高法院是新成立的部门，由首席法官、副席法官和其他 5 名法官组成。最高法院权力很大，一旦有人对总统选举有异议并上诉，最高法院享有排他的初审权，还有权复审下一级法院的案件。此外，最高法院可以应各级政府的请求就任何政府事务提供咨询意见。更为重要的是，最高法院的判决对其他任何法院均有拘束力，它也是肯尼亚司法判决的最后一环。

特别法院由议会设立，与高等法院同级别，负责劳资、土地和环境等纠纷。一般来说，高等法院无权管辖由特别法院负责的案件。

基层法院数量很多，类别丰富，包括各地区的治安法院、穆斯林地区的卡迪氏法院、军事法院和议会设立的其他法院，这些法院级别相同。此外，肯尼亚还在穆斯林聚居地设有伊斯兰法院，按伊斯兰教法行使有限的裁判权。[②]

第三节　中央有内阁，地方靠两套班子

肯尼亚的国家结构形式在历史上经历了多次重大调整。肯尼亚独立时带有联邦制色彩，各地设地区议会并享有较大权力，但这种

---

① 《境外法规——肯尼亚》，中华人民共和国商务部网站，http://policy.mofcom.gov.cn/page/nation/Kenya.html，最后访问时间：2024 年 4 月 11 日。

② 《2018 年对外投资合作国别（地区）指南 – 肯尼亚》，中国一带一路网，2018 年 9 月 18 日，https://www.yidaiyilu.gov.cn/p/66616.html，最后访问时间：2023 年 10 月 15 日。

制度很快被后来的中央集权制取代。1965—2013 年的中央集权时期，肯尼亚全国被划分为 8 个省级行政单位，分别由总统任命的省级专员领导，强化中央垂直控制。2010 年新宪法重启，部分权力下放，撤销省级建制，郡（County）成为宪法改革后确立的地方自治核心单元。现在，肯尼亚全国共分为 47 个郡，其管理体系融合了民选自治机构和中央派驻机构，是"宪法分权与中央控制并存"的混合模式。

一　总统领衔内阁

在肯尼亚，中央行政机构即中央政府，是制定和执行全国政策规划的机关，它由总统、副总统、总检察长和政府各部部长组成，统称内阁。中央政府行政权属于总统，总统既是国家元首又是政府首脑，可直接或通过下属官员行使这一权力。内阁的职责是协助总统治理国家并向总统提供有关的咨询，内阁集体对国民议会负责，设秘书1人，由总统任命。具体而言，作为中央政府首脑，总统有权设立或撤销国家机关，任免副总统、各部部长、助理部长和常务秘书。政府一切决定都以总统命令、指示等形式下达。副总统是总统行使职权过程中的主要助手，由总统从部长中任命。同时，副总统必须是国民议会的当选议员，任职期间不得担任除部长、议员以外的其他任何可获得报酬的职务。

2024 年，肯尼亚内阁由总统威廉·鲁托组阁，内阁下设内政和国家行政管理部，外交和侨务部，道路和交通部，矿业、蓝色经济和海洋事务部，环境、气候变化和林业部，土地、公共工程、住房和城市建设部，劳动和社会保障部，教育部，旅游和野生生物部，青年事务、创意经济和体育部，国防部，合作社和中小微企业发展部，财政和经济计划部，水务、环境卫生和灌溉部，卫生部，投资、贸易和工业部，农业和畜牧业发展部，能源和石油部，信息通信和数字经济部，公共服务和人力资源发展部。①

二　民选产生郡长和郡议员

在中央集权时期，肯尼亚存在两套地方行政系统：一套是总统府下属的地方官员系统，一套是中央政府下属的地方政权系统。郡的郡长及以下各级官员曾是总统府下属的地方官员，由总统任命，直接对总统府负责。2010年新宪法改革后，肯尼亚确立了中央和郡两级行政区划，设立郡议会，通过民主选举产生郡长和郡议员，不需要总统任命。例如，在2022年的大选中，除了总统大选，还举行了全国47个郡的郡长以及相关郡议员的选举。这些选举是肯尼亚民主政治的重要体现，让民众能够参与到地方政府的治理中，选择他们认为能够推动郡内发展和维护民众利益的领导人。

郡长是郡政府的首席执行官，代表民众管理郡内事务，行使地方治理的权力，任期五年，任期限制为两届。副郡长则由郡长任命，且其通常在选举期间作为郡长的竞选伙伴积极参与竞选活动。此外，郡长还要负责提名郡内阁成员，组建郡一级的行政领导团队。这些被提名的成员需具备相应的专业知识和能力，协助郡长管理郡内的各项事务，如经济发展、教育、卫生、基础设施建设等。提名后，郡内阁成员一般需经过郡议会的批准，以确保其任命的合法性和公正性。

郡议会是郡的立法部门，由民选的郡议员（MCA）组成，议长由议员选举产生。除了民选的议员外，还有被各政党提名的"特别席位成员"（如女性、青年、残障代表等）。郡议会的主要职责是制定郡级法律和政策，审批郡政府预算，监督郡政府工作，确保政府行为合法、透明，保障本郡公民利益。此外，郡议会还拥有弹劾郡长的权

---

① 《肯尼亚国家概况》，中华人民共和国外交部网站，https://www.mfa.gov.cn/web/gjhdq_676201/gj_676203/fz_677316/1206_677946/1206x0_677948/，最后访问时间：2024年11月13日。

力。如果郡长存在严重的违法、违纪、腐败或其他不当行为，郡议会可以启动弹劾程序。

在新宪法的指导下，肯尼亚建立了权力下放的政府体制，将资源和权力对称地下放给 47 个郡政府。郡享有一定程度的自治权，郡政府在地方事务管理、经济发展、社会服务提供等方面拥有一定的自主决策权力，包括制定和执行本郡的发展规划、管理当地的基础设施建设、提供教育、卫生、治安等公共服务，以及征收部分地方税等。

三　中央任命的郡专员

和中央集权时期相比，如今的肯尼亚各郡具有民选自治的特点，具有联邦制的影子，但肯尼亚的这种政府体制并不是真正意义上的联邦制，因为郡的自治权也受到一定限制，且在郡一级的官员系统中，除了民选的郡长和郡议员外，还有隶属于中央内政部的官员。

郡专员（County Commissioner）是肯尼亚中央政府在各郡的代表，是内政部任命的公务员，代表总统和中央政府。作为“中央政府的眼睛和耳朵”，郡专员既负责国家安全，又确保国家政策在地方层面的落实。他们的工作涉及行政、安全和公共服务等多个方面，是中央与郡政府之间的关键纽带。例如，在自然灾害（如洪水）或社会动荡发生时，郡专员通常牵头协调救援工作。除了协调中央与郡政府之间的沟通外，郡专员的重要职责是监督郡政府是否遵守国家法律和行政指令，并监督郡一级的选举，确保投票过程顺利进行。

此外，在郡一级政府机构中，还设有肯尼亚中央政府相关部门的分支机构。例如，教育部、卫生部等中央部门都在各郡设有郡级办事处，负责执行如疫苗分发、教师招聘等全国性任务。在维护国家安全方面，肯尼亚各郡设有听命于中央政府的郡安全委员会（County Security Committee），成员包括郡专员（主席）、郡警察指挥官、情报官员、军队代表等，确保中央对地方安全的控制。

除了通过官员系统对地方实施一定的控制外，肯尼亚中央政府还通过全国性的政策制定、国家税收收入分配、官员审核等方式对郡施加影响。总之，肯尼亚实行"宪法分权与中央控制并存"的混合模式，中央政府和郡政府是相互依存的关系，在一些事务上需要相互协商与合作。这种合作机制也有助于中央政府对郡政府进行引导和协调，实现国家整体发展目标。

第四节　两大政治家族——肯雅塔和奥廷加

肯雅塔和奥廷加两大家族曾是肯尼亚政党政治的稳定内核。[①] 肯尼亚的选举政治很大程度上在这两大家族间展开，两大家族的斗争成为肯尼亚当代政治历史的重要脉络。这两大政治家族的权力角逐某种意义上是基库尤族和卢奥族间的角力。但随着2022年卡伦金族的威廉·鲁托当选，家族政治或将成为历史。

一　基库尤族的肯雅塔

肯雅塔家族来自肯尼亚最大部族——基库尤族。基库尤族的"第一人"就是被称为肯尼亚"国父"的乔莫·肯雅塔（1893—1978）。

乔莫·肯雅塔出生于肯尼亚中部地区的一个基库尤村子。他的父亲曾任酋长，很早便去世了。叔叔恩根吉成为他的继父，因此，他最早的名字叫卡莫·瓦·恩根吉。

成年后，他离开家乡到处闯荡，先后做过白人经营的剑麻农场的监工、酋长随从、法院翻译和内罗毕自来水公司巡视员。肯雅塔这个名字是他到内罗毕以后改的。24岁时，肯雅塔娶了第一任妻子。此后，肯雅塔加入基库尤中央协会，并有很多机会到各地调研和学

---

① 曾爱平：《肯尼亚政党政治演变及特点》，《当代世界》2018年第4期，第58—61页。

习，去过英国、欧洲大陆，也到过苏联。这些经历增长了他的阅历和见识。

1931 年以后，肯雅塔到英国谈判，一待就是 16 年。虽然远离故土，但这是他从主要关心基库尤人利益转变为杰出民族主义者的关键时期。这期间，他在英国结识了很多思想开明的朋友，也去过苏联深造，还和一名英国女教师结婚。据传，他可能在这个时期加入过英国共产党。[①]也正是在这个时期，肯雅塔接触到非暴力主义，并在伦敦认识了印度"非暴力不合作运动"的领导者"圣雄"甘地。

在英国期间，肯雅塔经常出入各大高校，既当老师又当学生。1933 年肯雅塔在伦敦大学当助教并教授基库尤语。1936 年他又进入伦敦政治经济学院学习人类学，师从著名人类学泰斗布罗尼斯拉夫·马林诺夫斯基（1884—1942），还和中国著名社会学家费孝通是同学。1938 年，他在英国发表了成名作《面向肯尼亚山》（*Facing Mount Kenya*）。这是关于基库尤族最为经典的人类学著作，备受专家好评。

1946 年回到肯尼亚后，肯雅塔积极投身政治运动。1947 年，他当选为肯尼亚非洲人联盟主席，并提出建立独立国家的目标。在这一时期，他在第三任妻子病逝后娶了自己的学生恩吉娜为第四任妻子。她后来成了肯尼亚的第一夫人。

在"茅茅运动"爆发期间，肯雅塔虽然反对暴力运动，但仍被英国殖民当局逮捕，并被判入狱 7 年，刑满后也没有被释放。直到 1961 年，他才在肯尼亚人民的强烈抗议中被释放。出狱后，肯雅塔先后出任肯尼亚自治政府总理（也称"首相"）和肯尼亚共和国的第一任总统。

从 1963 年到 1978 年逝世，肯雅塔执政 15 年期间，肯尼亚政局

---

① 高晋元:《列国志·肯尼亚》，社会科学文献出版社，2010，第 106 页。

稳定，经济增长较快。肯尼亚人尊称他为"姆齐"（Mzee，斯瓦希里语"长老"之意）和"国父"。在这一时期，基库尤人通过土地改革政策从白人手中购买了大量庄园、农场，成为富足的商人，甚至是大企业主、大农场主，肯雅塔家族也因此积蓄了大量财富。肯雅塔的夫人恩吉娜投资多种行业，被称为肯尼亚"最富有的女人"。[①]

2013 年至 2022 年，乔莫·肯雅塔之子乌呼鲁·肯雅塔出任肯尼亚第四任总统。

二 卢奥族的奥廷加

奥廷加家族来自肯尼亚另一大部族 —— 卢奥族。卢奥族分布于西部的维多利亚湖区，非常重视子女的文化和技能教育。据说，美国前总统巴拉克·奥巴马的父亲就是卢奥族人。

奥廷加家族"第一人"是曾任肯尼亚第一任副总统的贾拉穆吉·奥京加·奥廷加（1912—1994）。他是肯尼亚民族独立运动的重要领导人之一，与乔莫·肯雅塔在反殖民统治争取民族独立时期曾是亲密战友。

奥京加·奥廷加早些时候是个非常成功的商人，也参与政治运动。基于其雄厚的经济实力，他资助当地报纸进行反殖民宣传。1948年，他与肯雅塔相识，深受其思想影响，成为肯雅塔坚定的支持者和战友。在肯雅塔被捕后，还算是政坛新人的奥廷加开始崭露头角，领导肯尼亚人民进行民族解放和独立斗争，并积极开展对肯雅塔的营救。肯雅塔在狱中 9 年，已经被有些人遗忘，也失去了曾经的领导人地位，但是奥廷加一直坚定地支持肯雅塔为"肯尼亚政治领导人"。独立后，奥廷加成为肯雅塔的副手，任肯尼亚首任副总统。

奥廷加在思想上倾向社会民主主义，讲过"共产主义于我如粮

---

① 高晋元：《列国志·肯尼亚》，社会科学文献出版社，2010，第 108 页。

食"之类的话。①他对内主张将白人移民占有的土地无偿分配给无地农民，对外希望同中国、苏联等社会主义国家交好。

奥廷加与肯雅塔的关系在独立后因政见分歧而不断走下坡路，后来甚至出现奥廷加被排挤、被除名、被软禁等矛盾激化情况。后来，奥廷加退出执政党，另立反对党，但一直没能撼动当时执政党的地位。此后数年，奥廷加政治上默默无闻，但他在卢奥人中的影响力不减。1967年，他出版了自传《尚未自由》，以此表明个人信念。1994年，奥廷加病逝。

和肯雅塔家族一样，奥廷加的儿子拉伊拉·奥廷加也子承父业，成为奥京加·奥廷加所创立反对党的领导者。小奥廷加在政府担任过多个部门的部长，也曾在2008年出任肯尼亚总理。②从2007年开始，小奥廷加多次参加大选，但都未能成功。值得一提的是，小奥廷加的弟弟也是政府议员。

虽然一直没能问鼎总统之位，但奥廷加家族在肯尼亚拥有绝对实力。他们家族在卢奥族聚居的原尼扬扎省所在区域和内罗毕等地拥有大量企业，涉足制糖、建筑、房地产等领域，③在政商两界都属最有影响力的家族之一。

三　新力量崛起

2022年大选，肯奥两大政治家族实现罕见的强强联合，共同为小奥廷加角逐总统助力。出人意料的是，卡伦金族的前副总统威廉·鲁托最终以微弱优势战胜小奥廷加，当选第五任总统。

鲁托是"寒门出贵子"的典型代表。他的家乡在埃尔多雷特，也

---

① 高晋元：《列国志·肯尼亚》，社会科学文献出版社，2010，第110页。
② 肯尼亚的这个总理职位是2008年执政党为了安抚反对党而设立的，2013年被时任总统肯雅塔撤销。
③ 马泮良：《肯尼亚政坛双巨头》，《当代世界》2008年第4期，第59—61页。

就是"天生跑者"卡伦金族的主要聚居地。他的成长经历和许多肯尼亚底层民众相似,当过农民、做过小贩,直到 15 岁才拥有自己的第一双鞋子。虽然他做过教师,是内罗毕大学植物生态学博士,还是一个极其富有的商人,但他的底层生活经历非常容易使广大肯尼亚老百姓对其产生共鸣。所以,鲁托称自己为"属于人民的人"(man of the people)、低收入阶层人民的拥护者,他还创造了一个新词"Hustler Nation",指代肯尼亚那些努力维持生计的年轻人。[①] 在此次竞选中,鲁托称自己正与肯尼亚最大的两个"政治王朝"——奥廷加和肯雅塔家族做斗争,这种表述赢得了很多肯尼亚年轻人的支持。

2022 年大选已显示出贫困和阶级问题正成为肯尼亚政治中越来越需要重视的问题,或许所谓的肯尼亚家族政治正在发生新的变化。

事实上,肯尼亚的决策者早在 2008 年制定"肯尼亚 2030 愿景"的时候就提出解决民生问题是肯尼亚的最大政治,支持公民对所有公共政策和资源分配过程的参与。这样的政治建设方向非常有吸引力。在这样的目标引领下,肯尼亚志在发展成为一个不分种族、族裔、宗教、性别或社会经济地位的平等的国家,一个不仅尊重而且利用其人民价值观、传统和愿望的多样性来造福所有人的国家。当前,肯尼亚正踏上一个重要的旅程,希望它能如"愿景"所言,成为一个繁荣和人民幸福的国家。

---

① 殷悦:《肯尼亚大选结果出炉,但尘埃尚未落定》,《世界知识》2022 年第 17 期,第 44—45 页。

第六章　东非经济领头羊

在大多数中国人的印象中，肯尼亚经济主要靠旅游业来拉动，毕竟服务业是肯尼亚经济的重要支撑，占其GDP的半壁江山。[①]事实上，在非洲，肯尼亚属于经济基础较好、特色产业突出、经济结构相对完善的国家，以茶叶、鲜花为代表的农业一直是其重要外汇来源。如今，肯尼亚是撒哈拉以南非洲第三大经济体，也是这一地区最多元、最发达的经济体之一。[②]最近十几年，除了受新冠疫情波及的2020年以外，肯尼亚经济在其余年份都保持着较稳定的增长，年均增长率超过5%，[③]是名副其实的东非第一大经济体，也是非洲贸易、投资、经济技术合作的主要窗口和桥梁。

第一节　东非最大经济体

肯尼亚是非洲"东大门"，曾是印度洋的贸易集散地，其沿海地区也有较好的商业基础。独立后的肯尼亚经济经历了快速增长—增长放缓—逐渐恢复—平稳增长的历程。得益于优越的地理位置和相对完

---

① "Services, Value Added (% of GDP)–Kenya," World Bank National Accounts Data, and OECD National Accounts Data Files, https://data.worldbank.org/indicator/NV.SRV.TOTL. ZS?locations=KE, accessed February 15, 2024.

② 商务部国际贸易经济合作研究院、中国驻肯尼亚大使馆经济商务处、商务部对外投资和经济合作司：《对外投资合作国别（地区）指南：肯尼亚》（2022年版），2022年12月。

③ "Kenya," World Bank, https://data.worldbank.org/country/kenya?view=chart, accessed February 1, 2024.

善的经济基础，肯尼亚是非洲大陆重要的经济参与者，并在多个方面取得了成功。尤其与邻国相比，其经济发展十分耀眼，如今已经发展成为东非最大经济体，是非洲经济发展的典范。

一　工农业生产起步于殖民期

肯尼亚曾是英国殖民地，经济发展一度受控和依赖于宗主国，主要为英国提供农产品原料和商品市场，本国的工商业发展很弱。大量土地也被控制在欧洲白人移民手里。肯尼亚人只能在欧洲人开办的几千个农场和种植园里帮工。电影《走出非洲》里的女主人公就是当时移民肯尼亚并开办咖啡种植园的欧洲白人。

英国一向限制殖民地工业的发展，想方设法使殖民地一直作为它的商品销售市场和原料供应地。第二次世界大战期间，肯尼亚是东北非战场的英军基地，不仅为英军提供后勤保障，还有大量肯尼亚人以士兵、军事劳工的身份为战争服务。因为战事需要，有些工业品只能在肯尼亚当地生产，肯尼亚的制造业如化学和建材工业因此得到发展。有些资金也从印度、缅甸和锡兰（今斯里兰卡）等地转到了肯尼亚。战争还大大刺激了当地剑麻、除虫菊和玉米等的生产和出口。

二　非洲经济发展典范

独立后，肯尼亚专心发展经济，取得了不错的成绩。虽然在全球经济版图中，它的表现不算特别亮眼，排名60位左右，但是在非洲，肯尼亚的经济发展水平还算不错。它是撒哈拉以南非洲仅次于尼日利亚和南非的第三大经济体，也是这一地区最多元、最发达的经济体之一。2022年，肯尼亚国内生产总值为1134亿美元，人均GDP为2099.3美元（按2022年的5402.75万人口计算），[1]是东非最大的经济

---

[1] 《肯尼亚》，世界银行网站，https://data.worldbank.org.cn/country/kenya?view=chart，最后访问时间：2024年2月20日。

体。农业、工业和服务业在 GDP 中的占比分别为 21.2%、17.7% 和 61.1%。[①]

相比于大部分非洲国家，肯尼亚市场化程度高，金融体系和法律制度相对健全，贸易开放且外汇政策宽松，营商自由度高，已成为非洲贸易、投资、经济技术合作的主要窗口和桥梁，[②]也被认为是非洲唯一一个有望在 2025 年之前消除饥饿的国家。[③]目前，肯尼亚工业在东非地区较为发达，国内日用消费品基本自给。

肯尼亚实行以私营经济为主体的"混合型经济"体制，私营经济在整个经济中所占份额超过 70%。农业、旅游业和侨汇是肯尼亚三大创汇来源。其中，以旅游业为代表的服务业是肯尼亚现在以及未来经济发展的重要引擎，目前为肯尼亚贡献了 54% 的增加值和 45% 的就业机会。[④]

当然，不得不提一下肯尼亚的侨汇收入。随着越来越多的肯尼亚人在国外工作和学习，海外汇款成为这里不可小觑的收入。2022 年，海外汇款成为肯尼亚外汇流入的最大单一来源，达到 43 亿美元，超过了旅游业、茶叶和园艺业的收入。[⑤]

① 商务部国际贸易经济合作研究院、中国驻肯尼亚大使馆经济商务处、商务部对外投资和经济合作司：《对外投资合作国别（地区）指南：肯尼亚》（2023 年版），2024 年 4 月，第 15 页。

② 中国进出口银行国别研究课题组、桑晨：《肯尼亚国别概况与重点合作领域》，《海外投资与出口信贷》2022 年第 1 期，第 43—45 页。

③ 《肯尼亚有望在 2025 年之前消除饥饿》，每日经济网站，2023 年 11 月 2 日，https://cn.dailyeconomic.com/2023/11/02/80284.html，最后访问时间：2024 年 1 月 30 日。

④ World Bank, "Kenya Country Economic Memorandum: Seizing Kenya's Services Momentum," Washington, DC: World Bank, July 31, 2023, https://openknowledge.worldbank.org/entities/publication/da821975-3e3e-4253-a6ca-3662c8b161fa, accessed February 17, 2024.

⑤ 《非洲目前是肯尼亚侨民流量增长最快的来源地》，每日经济网站，2023 年 8 月 27 日，https://cn.dailyeconomic.com/2023/08/27/68713.html，最后访问时间：2024 年 1 月 30 日。

三　正在努力消除贫困

和全球很多国家一样，肯尼亚经济也存在发展不平衡、贫富差距拉大等问题。除了自然条件优越的中西部地区，肯尼亚北部和东北部的农村和干旱地区至今贫困人口依然很多，很多地方的贫困率甚至有60%—100%，还有很多人尚未解决温饱问题，连基本的水、卫生和教育等资源和机会都很难得到保障。①2022 年，18% 的肯尼亚人每天生活费低于 1.9 美元，这意味着超过 900 万肯尼亚人处于极端贫困之中，其中大多数生活在农村地区。② 所以，肯尼亚当前经济政策的重要任务就是将穷人与经济增长联系起来，努力消除贫困、消除饥饿。现任总统鲁托在选举时就承诺振兴经济，要改善粮食生产和基础设施，承诺每年向中小企业提供 500 亿美元的低息贷款，在全国范围内启动多个经济适用房项目等惠民措施。

更为重要的是，农业仍然是肯尼亚大部分贫困和非贫困家庭的最大收入来源。但是，当地粮食生产和粮食价格极易受天气影响，尤其是贫困人口集中的偏远地区，基本靠天吃饭。粮食价格上涨很快就会反映在当地老百姓的餐桌上，粮食安全隐患持续存在。为此，当地政府实施了旨在增加粮食产量的措施。其中包括投入资金和对贫困农民的农业推广支持，如向全国 500 多万农民提供肥料补贴，启动新的大坝建设项目，以确保有足够水源来灌溉，减轻干旱带来的不利影响。与此同时，为了防范粮食价格上涨带来的连锁影响，政府也一直和较高的通货膨胀率作斗争，尽可能地稳住物价。总之，一切努力都是为

① "Infographic: Kenya Poverty & Equity Assessment 2023," World Bank, December 14, 2023, https://www.worldbank.org/en/news/infographic/2023/12/14/infographic-kenya-poverty-equity-assessment-2023, accessed February 19, 2024.

② "Low Incomes Keep 39m Kenyans Out of Affordable Health Insurance Bracket," The East African/Science Health, July 8, 2023, https://www.theeastafrican.co.ke/tea/science-health/low-incomes-keep-39m-kenyans-out-of-affordable-health-4297260, accessed February 20, 2024.

了让所有人都能衣食无忧。

第二节　农业三支柱：茶叶、鲜花和咖啡

农业一直是肯尼亚经济的支柱。近十年来，农业产值占肯尼亚GDP 的比重始终保持在 20% 左右。[①]农业还解决了肯尼亚 40% 以上的总人口和 70% 的农村人口的就业问题。[②]尤其在新冠疫情期间，大量服务业企业停工，农业在此期间吸收了 160 万名额外的工人，在一年内将其就业份额从 47% 增加到 54%。[③]更为重要的是，肯尼亚农业不仅能够养活自己人，还是主要外汇收入来源。食品和农业原材料约占肯尼亚商品出口总额的 60%。茶叶、鲜切花、咖啡和水果是主要的出口农产品，2022 年这几项农作物的出口总额约为 27 亿美元。[④]

一　1903 年，英国人带来了茶叶

虽然肯尼亚的茶叶种植历史要从英国殖民时期算起，但事实上，在郑和下西洋时肯尼亚就已经接触过中国茶叶。只是没想到，漂洋过海的小茶叶最终经历了从中国到印度，再由印度到非洲的艰辛旅程，才最终在肯尼亚实现种植栽培。而这一切，都是在英国殖民者的推动

---

① "Agriculture, Forestry, and Fishing, Value Added (% of GDP)–Kenya," World Bank National Accounts Data, and OECD National Accounts Data Files, https://data.worldbank.org/indicator/NV. AGR. ToTL.ZS, accessed September 5, 2023.

② The International Trade Administration, "Kenya-Country Commercial Guide," Agribusiness, USDOC, August 19, 2022, https://www.trade.gov/country-commercial-guides/kenya-agribusiness, accessed February 19, 2024.

③ "Post-COVID-19 Recovery and Economic Transformation Will Be Increasingly Service-Sector-Led," World Bank, December 14, 2021, https://www.worldbank.org/en/country/kenya/publication/post-covid-19-recovery-and-economic-transformation-will-be-increasingly-service-sector-led, accessed October 25, 2023.

④ Natalie Cowling, "Agriculture in Kenya-Statistics & Facts", Statista, December 21, 2023, https://www.statista.com/topics/8938/agriculture-in-kenya/#topicOverview, accessed February 13, 2024.

下完成的。

在将茶叶推广到肯尼亚之前，英国人已经在印度、斯里兰卡等地成功栽培了茶叶，并开垦了大量茶叶种植园。英国的茶叶经济版图也形成了较为完善的产销体系。

1903 年，英国人凯恩在肯尼亚中南部的利穆鲁地区开垦茶场，这是肯尼亚茶树栽培开始的标志。1906 年，从印度引进的阿萨姆茶在肯尼亚试种成功，虽然只有小小的 2 英亩（约 0.8 公顷），但这个小茶园标志着肯尼亚茶树栽培开始由自然性经济活动转变为商品性经济活动。1912 年，肯尼亚人又从斯里兰卡引进茶苗，在西部建立了较大面积的种植园。①

虽然开始了茶叶种植，但是在殖民时期的英国茶叶经济版图中，肯尼亚完全不能和印度、斯里兰卡等茶叶生产大户相提并论。这里的茶叶种植要完全服从于英国殖民者的整体利益。英国人总是以维护茶叶质量为借口，禁止肯尼亚人种植茶叶。从事茶叶种植的主要是英国白人，肯尼亚居民不仅没有种茶资格，而且无权过问茶叶生产技术。因此，在殖民时期，整个国家的茶业发展缓慢，处于萎靡停滞状态。

二 世界最大茶叶出口国之一

肯尼亚略带酸性的火山灰土壤十分适宜茶叶种植，其茶叶种植面积仅次于中国和印度，是非洲大陆最大和世界第三大茶叶生产国。

独立后，肯尼亚政府把扶持茶农发展壮大作为经济发展工作的重心，将茶业经济发展提升为国家经济发展的重要战略，积极制定促进茶业发展的政策。在这一阶段，肯尼亚政府限制外资茶园种植规模的扩张，同时利用优惠政策引导和鼓励小规模种植户扩大茶园面积，并

---

① 李岩：《肯尼亚茶业百年历程及影响研究》，《世界农业》2019 年第 11 期，第 90—97 页。

提供相应的种植技术指导。于是，小规模种植户的种植面积迅速扩大，并超过跨国种植园的面积。大约 30 年后，在 1995 年，肯尼亚一跃成为全球最大的茶叶出口国，其茶叶主要销往巴基斯坦、英国、埃及、阿富汗、德国、荷兰、加拿大等国家。自此，肯尼亚茶叶出口量常居世界首位。[①]

在肯尼亚出口的所有茶叶中，最受欢迎的莫过于红茶。这里出产的红茶全部为红碎茶，但气味浓郁鲜烈、汤色红艳透亮。因此，肯尼亚红茶备受国际市场的青睐，肯尼亚也一直是世界上最大的红茶出口国。

小小一片茶叶，为肯尼亚贡献了约 23% 的外汇收入，还提供了大约 500 万个直接就业机会，肯尼亚 10% 的人口依靠茶叶为生。[②]茶不仅仅是一种商品，更是这个国家繁荣和经济增长的灯塔。

三　花卉产业盛名在外

除了茶叶，肯尼亚中西部高原得天独厚的自然条件还特别适合栽种鲜花，尤其适宜玫瑰品种生长。1990 年以来，由于发达国家的花卉生产成本不断提高，世界花卉生产重心开始转移到气候条件较好、生产和劳动力成本较低的国家，肯尼亚的花卉产业也因此得到发展。

肯尼亚是继荷兰、哥伦比亚和厄瓜多尔之后的世界第四大鲜切花出口国。这里出产的鲜花早已走出国门，行销全球 60 多个国家，装点着千家万户。更重要的是，肯尼亚的花卉产业一直保持上升趋势。它的园艺业也是最吸引外资的行业之一。花卉产业链大致分为育种、种植和批发三个阶段，直接吸引超过 35 万人就业，间接支持了 300

---

① 李岩：《全球化视角下肯尼亚茶业发展历程、支持体系、特点与经验研究》，《世界农业》2022 年第 6 期，第 47—57 页。

② 《肯尼亚可以成为茶产业的典范》，每日经济，2023 年 10 月 25 日，https://cn.dailye-conomic.com/2023/10/25/78579.html，最后访问时间：2024 年 1 月 30 日。

多万肯尼亚人的生计。①

肯尼亚主要种植的鲜花是玫瑰、康乃馨、满天星、百合、金丝桃等一系列夏季花卉。用于出口的鲜花大都在纳瓦沙湖附近地区种植。这个世外桃源般的裂谷湖泊是淡水湖，能够为花卉农场的灌溉提供足够的优质水源，淡水湖附近大量的土地都用于种植玫瑰。这里的玫瑰几乎都采用温棚种植，智能化程度非常高，是真正的"鼠标农业"。这种种植方式不仅能做到一年四季不停产，产量还特别高，是露天种植量的 2 倍。

四 鲜花主销欧盟，国际化程度很高

值得一提的是，看似"经济不那么行"的肯尼亚，其鲜花产销一体化建设却相当高大上，具有非常先进的育种、种植、加工和运输技术。1996 年以来，肯尼亚一直致力于促进花卉栽培的可持续化发展，严格按照国际标准进行生产经营。欧盟是肯尼亚鲜花出口的主要目的地，肯尼亚鲜花占据欧盟鲜花市场的三成以上。②这里大约 50% 的出口鲜花通过世界上最大的花卉拍卖市场——荷兰的阿尔斯梅尔拍卖会出售。早上采摘的鲜花，晚上就能到达荷兰阿姆斯特丹的市场。

鲜花作为易腐作物，要达到这样的"短平快"，航空运输是至关重要的一环。肯尼亚拥有发达的航空运输系统。作为东非和中非航空业的主要区域中心，当地主要航空公司和包机运营商能够轻松提供货运服务，任何航空公司都可以将花卉产品运送到全球任何目的地。据了解，荷兰拍卖会经销商在肯尼亚每周定期有 42 趟花卉货运航班。

如今，在中国的鲜花市场，我们也能购买到从肯尼亚远道而来的

---

① 李小麦：《鲜花出口："东非门户"肯尼亚的大生意！》，新浪新闻，2019 年 8 月 13 日，https://k.sina.com.cn/article_6861918897_1990092b100100n2ak.html，最后访问时间：2024 年 2 月 17 日。

② 朱海军：《非洲花卉产业经历蜕变》，《中国花卉园艺》2007 年第 5 期，第 50—51 页。

鲜花。2013 年，肯尼亚航空公司开通了前往中国香港和广州的直飞航线，20 个小时就能把娇艳欲滴的肯尼亚鲜花送达中国消费者手中。

五 咖啡也很出名

咖啡在 9 世纪时起源于埃塞俄比亚，作为邻国，肯尼亚的咖啡种植历史却起步很晚。关于肯尼亚咖啡种植的起源有两种说法：一种说法是大概在 19 世纪末，欧洲传教士从巴西进口了波旁品种的阿拉比卡咖啡，并于 1900 年在肯尼亚泰塔山（Taita Hills）的布拉（Bura）种植了第一批咖啡树，随后又于 1904 年在基库尤和锡卡（Thika）推广种植；另一种说法是苏格兰传教士和园艺家约翰·帕特森是第一个将咖啡种子带入肯尼亚的人。后来，这里的咖啡生产扩大到肯尼亚山、埃尔贡山、阿布戴尔山脉、裂谷、西部高地和湖区周围的其他土地。

在殖民时期，农业出口成为政府收入的重要来源，殖民者发展了依靠强迫劳动的种植园经济。当时，只有从欧洲移民过来的种植园主才被允许种植咖啡，这里大多数种植园都为欧洲定居者所有。肯尼亚人被迫在种植园为殖民者种植咖啡。直到 20 世纪 30 年代政府才允许部分肯尼亚人种植属于自己的咖啡。如果您是电影《走出非洲》的粉丝，肯定知道梅丽尔·斯特里普饰演的凯伦经营的正是一个位于内罗毕西南部的咖啡农场。

1963 年独立后，肯雅塔总统领导下的政府通过向农民提供土地和财政支持，努力扩大小农生产。咖啡种植的规模在肯尼亚逐渐增加，其产量在 20 世纪 80 年代末达到顶峰。如今，除了大规模经营外，农民也在私人农场小规模种植咖啡，约有 600 万肯尼亚人以咖啡行业为生。[1]

---

① Arne Preuss, "A Short History of Kenya Coffee," Coffeenees, May 19, 2022, https://www.coffeeness.de/en/history-of-kenya-coffee/, accessed January 30, 2024.

六 以生咖啡出口为主

肯尼亚中部高地的酸性土壤、恰到好处的阳光和降雨为咖啡的生长提供了极好的条件。这里的咖啡因其浆果风味而闻名,会让人联想到黑醋栗、蜂蜜、焦糖、桃子和柑橘,以及薰衣草和烤坚果的味道。这里出产的高品质咖啡,是世界上最受欢迎的咖啡之一。出口品质的肯尼亚 AA 咖啡豆是肯尼亚生产的所有咖啡中最大、最浓、味道最好的。政府常常会对那些高品质咖啡的生产者给予奖励。如今,咖啡是肯尼亚经济和出口市场的重要组成部分,是仅次于花卉和茶叶的第三大出口创汇农产品。

那么,它是如何从农场到达你的杯子里的呢?肯尼亚出口的大部分是未加工的咖啡,也就是生咖啡。当地的咖啡农或合作社工会主要通过拍卖和直销的方式出售生咖啡。每批肯尼亚咖啡,不管是来自大型农场还是小型合作社,都必须经过肯尼亚咖啡委员会严格的质量测试,只有最优质的阿拉比卡豆(AA 级)才能进入国际市场。这些豆子大部分最终销往美国、德国、比利时、瑞典和韩国。20 世纪 90 年代以后,受全球价格波动的影响,肯尼亚咖啡种植和产量有所下滑。尽管近年产量较小,但其也为农业贸易作出了巨大贡献,2023 年的出口额约为 3.04 亿美元。[①]

肯尼亚人在当地消费的咖啡也很有特色,Java Coffee、Dorman's Coffee 和 Spring Valley Coffee 等品牌在当地市场占据主导地位。

第三节 服务业贡献最大

2023 年,以旅游业为代表的服务业占肯尼亚 GDP 的比重约为

---

① "Coffee in Kenya Trade," The Observatory of Economic Complexity, https://oec.world/en/profile/bilateral-product/coffee/reporter/ken, accessed April 16, 2024.

55.4%，^①是其经济的绝对支柱，主导着经济增长，而且有很大的发展空间。在新冠疫情之前，服务业就已经创造了最多的就业机会，对GDP 的贡献也最大，超过了农业和制造业。以小微企业为主的私营企业为来自世界各地的企业和旅游者提供各类商业服务和旅游服务。服务业也主导着企业格局，这里 84% 的正规企业和 83% 的中小微企业都身处服务业。^②而且，与人均收入水平相似的其他国家相比，这里新公司的进入率相对较高，非常有活力。

一　不是 Travel 不是 Tour，而是 Safari

在非洲，旅游不是 Travel 不是 Tour，而是 Safari。

Safari 是斯瓦希里语对世界旅游的一个贡献。它在斯瓦希里语中为"旅行"之意，字源是阿拉伯语同义词（safra）。过去，本词通常是指到非洲进行"非洲五霸"的狩猎旅行。今天，除了被指定为狩猎区的少数地方，狩猎活动基本被禁止。对于更多的游客而言，Safari 魅力不减，只是狩猎的工具已经改变：猎枪变成了捕捉影像的相机和摄像机。

有一句调侃的话是这么说的：亚洲富豪去欧洲，欧洲富豪去非洲。说明去非洲大草原 Safari 是一项极具野奢体验的活动。在肯尼亚 Safari，你可以通过许多方式——步行、乘坐热气球、骑马、乘车或是在舒适的小屋或帐篷里观赏。热气球高空 Safari，是在迁徙季比较受欢迎的观看方式，可以在高空中把几百万只动物一次看个遍。去肯尼亚拍摄野生动物大迁徙，无疑会是一种很棒的选择。

①　"Services, value added (% of GDP)–Kenya," World Bank, https://data.worldbank.org/indicator/NV.SRV.TOTL.ZS?locations=KE,%20accessed%20Februray%2015,%202024.-KE, accessed April 16, 2024.

②　"Post-COVID–19 Recovery and Economic Transformation Will Be Increasingly Service-Sector-Led," World Bank, December 14, 2021, https://www.worldbank.org/en/country/kenya/publication/post-covid-19-recovery-and-economic-transformation-will-be-increasingly-service-sector-led, accessed February 13, 2024.

二 生态旅游，赚钱和环保都不耽误

肯尼亚是野生动物的乐园，是"野生动物探险之旅"Safari 最早的发源地，是观赏非洲野生动物最经典的目的地，也是世界上较早开展生态旅游的国家。大多数中国人对肯尼亚的认知也主要是非洲大草原上悠闲自在的野生动物。事实也是如此，亲自领略这个赤道高地的壮美景致绝对是不错的选择。体验车行驶在苍茫草原和灌木丛中的狂野无羁和烈日飞尘，映入眼帘的是飞驰的猎豹、打盹的狮子、散步的大象、乘凉的羚羊以及抢食的鬣狗等各种野生动物，这种独属于非洲草原的勃勃生机，不仅能满足游客的猎奇需求，更能给人们带来无限的触动。

从 1963 年独立并发展旅游业以来，60 多年过去了，肯尼亚旅游产品已经形成了以观赏野生动物为主、旅游发展模式先国际后国内、客源国较为集中和力推生态旅游等特色。生态旅游不仅为肯尼亚创收了经济发展急需的大量外汇，为失业严重的社会提供了大量就业岗位，改善了人民的生活，而且在客观上优化了肯尼亚的经济结构，促进了经济的发展。①

三 国家公园遍布各地

狩猎旅游一度在肯尼亚非常火热，但斩尽杀绝式的打猎行为严重影响了野生动物的繁衍。于是，肯尼亚政府于 1977 年颁布禁猎令，主张以生态旅游取代狩猎旅游。政府通过将原住民迁离等办法建立起 26 座国家公园、28 处自然保护区和 1 处自然保留区，这些保护地几乎占了肯尼亚国土面积的一半。②

---

① 舒运国、张惠杰：《肯尼亚旅游业发展探析》，《西亚非洲》2009 年第 2 期，第 56—61 页。
② 廉海东：《肯尼亚"生态旅游"走上良性发展之路》，《经济参考报》2020 年 5 月 18 日，第 5 版。

国家公园和野生动物是肯尼亚生态旅游赖以生存的根本，许多游客千里迢迢而来为的就是亲身领略绚丽的热带自然风光，亲眼看到自由驰骋的野生动物。保护好野生动物，才能保住肯尼亚旅游业的饭碗。面对大量珍奇野生动物，特别是大象、狮子经常遭到捕杀的问题，肯尼亚政府成立了权力非常大的肯尼亚野生动物保护机构，专门从事国家公园管理和野生动物监督保护工作。目前该机构已拥有数十支装备精良的小分队，还购置了大量交通工具，以高度专业化和精细化的方式打击偷猎行为。

四　原住民的新生计：从狩猎者变成守护者

国家公园建设会与当地原住民的传统生产生活产生一定的冲突，这在肯尼亚也不少见。在知名度仅次于马赛马拉国家公园的安博塞利国家公园，当地居民就因为建设国家公园而受到一些影响。他们曾通过大肆猎杀草原上的犀牛、狮子、大象等进行抗议，其目的就是让生活在本地的野生动物消失，使其丧失作为一个国家公园的资格。[①]这一事件也提醒政府在建设国家公园、发展生态旅游的时候不能忘了保护原住民的利益。

现在，肯尼亚生态旅游非常注重保护国家公园所在地原住民的利益。政府在每个国家公园或保护区都成立了居民服务协会（CWS），制订了"生物多样区保护计划"，协助当地居民找到合适的工作，增加每个家庭的经济收入，缓解居民与国家公园管理间的矛盾与冲突，鼓励他们加入环境保护活动，为野生动植物提供较大的生存空间和安全的庇护所。政府每年还拿出一定比例的旅游收入回馈当地居民，支持部落的发展计划，如兴建医疗服务站、学校、供水设备、道路以及改善牲畜蓄养设施等。有了这些优惠措施，加上发展生态旅游带来的

①　廉海东：《肯尼亚"生态旅游"走上良性发展之路》，《经济参考报》2020年5月18日，第5版。

收入，当地人的损失被降到最低。居民也不愿再冒险去打猎，偷猎的情况大大减少。①

生活在马赛马拉国家公园的马赛人，曾以猎杀狮子作为男子的成年礼。如今，禁猎令让这个传统成为历史，他们也无法再靠贩卖猎物为生。与此同时，生态旅游的发展让这些原住民选择了旅游服务这种更安全的谋生方式。当地一位马赛部族首领说："我们现在把野生动物看作重要的经济资源，不仅不会去伤害他们，还会尽力去保护它们。"

五 欣欣向荣的现代商业服务

肯尼亚国际化程度很高，是很多国际组织和跨国企业在东非的根据地，而且，肯尼亚国内的茶叶、鲜花、旅游等行业的对外交流程度也很高。因此，这里非常适合发展出口型服务业，特别是高附加值的现代商业服务。这可能是未来肯尼亚经济增长的重要驱动力。目前，肯尼亚当地公司能够向跨国公司和私营出口商提供商业服务，服务对象主要集中在保险、商务流程外包（BPO）、非银行金融、信息通信（ICT）和货运代理等部门的出口商。

肯尼亚实行以私营部门为主的混合经济模式，因此，私营部门非常有活力，尤其是服务业。肯尼亚服务业由大量小微企业主导，大多数公司规模较小，总部主要设在内罗毕，而且很多都是非正规运营。在正规企业中，也只有3%的企业拥有50名以上员工，员工超过150人的大一点的企业少之又少。② 这些由平均不到5个人组成的微型企业遍布肯尼亚服务业的各个角落，已经是当地服务业发展不可或缺的

---

① 廉海东：《肯尼亚"生态旅游"走上良性发展之路》，《经济参考报》2020年5月18日，第5版。

② "Post-COVID-19 Recovery and Economic Transformation Will Be Increasingly Service-Sector-Led," World Bank, December 14, 2021, https://www.worldbank.org/en/country/kenya/publication/post-covid-19-recovery-and-economic-transformation-will-be-increasingly-service-sector-led, accessed February 13, 2024.

组成部分。在推进服务业发展的同时，这些微型企业还吸纳了大量就业。对肯尼亚当前的情况而言，支持新公司扩大规模和提升创新能力，对于创造更好的就业机会、实现经济发展至关重要。

第四节 投资肯尼亚

肯尼亚在2008年提出了一个宏大的战略——"肯尼亚2030愿景"。这个战略旨在将肯尼亚发展成为一个工业化程度高、具有全球竞争力和繁荣的中等收入国家。旅游业、农业、批发零售业、制造业、离岸外包和金融服务被确定为六大优先发展的关键产业。因此，整个国家的大量投资项目都在围绕这个"愿景"而展开。此外，相对稳定的宏观经济环境有利于私营部门的发展并吸引私人资本投资。当前肯尼亚经济持续向好，人口众多，需求旺盛，未来依然会是非洲大陆重要的投资目的地。

一 预见未来："肯尼亚2030愿景"

"肯尼亚2030愿景"对旅游业、制造业、批发零售业等各大产业领域都有明确目标，也有具体的战略措施。如果您有意前往肯尼亚投资，可以重点关注一下这个"愿景"提出的一些发展方向和侧重领域。

跻身世界十大长途旅游目的地。肯尼亚计划提供高端、多样化和独特的游客体验，包括：在伊西奥洛度假城市之外，再建设更多的度假城市来促进肯尼亚海岸旅游的发展；通过增加肯尼亚的高级野生动物园和改善公园设施来实现更高的旅游收入；创造新的高价值旅游产品（如文化、生态体育和水上旅游）；通过吸引高端国际连锁酒店来改善对商务游客服务；投资建设新的会议场所。

增加农业附加值。主要是通过对农产品等的加工来增加附加值，发展现代农业、畜牧业和渔业部门。具体战略包括：转变农业和畜牧业的关键机构，以促进家庭和私营部门的农业增长；提高农作物和牲畜的生产力；提高土地利用率；准备新的耕地，在干旱和半干旱土地上开发更多的可灌溉地区来种植农作物；通过更好的营销来改善小农的市场准入。

降低批发零售业的交易成本。肯尼亚计划通过体制改革降低交易成本，从而提高营销系统的效率，并通过对基础设施的投资、加强培训以及联通国内外市场等手段来促进批发和零售业发展。在批发零售端，政府计划提供永久性和服务性设施、业务培训以及贷款，简化商业登记和贸易许可，以便为所有贸易活动创造更有利的商业环境；在生产端，计划建立"生产者商业集团"，从而为农村地区的大型批发中心提供服务；在营销端，政府将继续加强生产者合作运动，并协助生产者在区域和国际市场上建立肯尼亚产品的品牌和营销渠道。

成为东中非基本制成品的首选供应地。该目标旨在利用有机食品和饮料等产品优势打入其他市场。具体战略包括：重组使用本地原材料但缺乏竞争优势的关键当地产业（例如制糖和造纸）；发展来料加工产业（例如金属和塑料），以获取增值的"最后一步"；推动农产品加工产业，从而提高小众出口产品的附加值水平。

成为非洲最大的离岸外包目的地。离岸外包业务主要针对肯尼亚的年轻人群，它涉及通过互联网向发达国家的公司和组织提供商业服务。"肯尼亚2030愿景"离岸外包产业的目标是让肯尼亚"迅速成为非洲最大的离岸外包目的地"，从而有效利用外资，实现经济增长。

建设具有全球竞争力的金融部门。创造充满活力和具有全球竞争力的金融部门，并促进高水平的储蓄，有助于为肯尼亚的整体投资需求提供资金。作为肯尼亚宏观经济目标的一部分，肯尼亚总储蓄率的发展目标是从占GDP的17%上升到30%。这需要对银行业进行改革，以促进肯尼亚大量小银行向规模更大、实力更强的银行转变。

二 非洲大陆重要投资目的地

肯尼亚的外资吸引力一直都比较高,在非洲仅排在埃及、南非和摩洛哥之后,且一直都是东非地区吸引外资最多的国家。仅2022年,就有63个国际投资项目落地肯尼亚,带入至少20亿美元资金,创造了8000多个工作岗位。[①]

当前,肯尼亚政府几乎是放开一切手脚吸引外商投资,其投资环境会持续得到改善。2020年,肯尼亚的世界银行营商环境指标在190个经济体中的排名从2018年的第80位显著提高到第56位。[②]这归功于其在创业、建筑许可、信贷获得、纳税、保护少数投资者和解决破产等领域进行的重大改革。

除此之外,当地政府还努力促进东非共同体、东部和南部非洲共同市场(简称"东南非共同市场")等区域一体化倡议。这些都为投资肯尼亚的企业提供了巨大的机会。

三 有前景的投资领域

除了上述"肯尼亚2030愿景"所提及的重点产业外,根据近几年的发展趋势,有这么几个领域是肯尼亚未来发展的亮点。

清洁能源。肯尼亚是清洁能源发展的区域领导者。肯尼亚能源和石油监管局2023年1月的一份年度报告中指出,肯尼亚约87%的电力来自可再生能源,其中大部分是地热发电,也有部分水力、风能和太阳能发电。近年来,肯尼亚一直寻求将自身定位为能源投资的首选目的地之一,鼓励外商投资清洁能源。

① EY Attractiveness, "Africa Attractiveness Report 2023," EY, November 2023, https://www.ey.com/en_za/attractiveness/21/africa-attractiveness-report-, accessed February 18, 2024.

② World Bank Doing Business Report, "Kenya 2020 Summary Note," Cytonn Investments, 2020, https://cytonn.com/uploads/downloads/ease-of-doing-business-note.pdf, P.1, accessed February 18, 2024.

信息和通信技术。鲁托总统上台后，取消了信息和通信技术合资企业中本国企业至少要拥有 30% 的股权才能获得在该国提供信息通信技术服务许可的规定，意味着外资企业在该领域可拥有 100% 的股权。目前著名的科技公司，例如甲骨文、思科、惠普、IBM、微软等已经将其区域业务设在肯尼亚首都。

服务业。服务业推动了肯尼亚的经济转型，也是未来肯尼亚经济持续增长的主动力。除了一直强势的旅游业，出口服务业也是一个重要增长点。此外，肯尼亚全球创新服务领域的外国直接投资也较为强劲，在商业和专业服务、金融服务、低技能贸易服务和物流服务领域都有一定的外资投资活动。

四　外商投资法

1964 年肯尼亚政府颁布了《外国投资保护法》，此后该法又进行了多次修改。有关外国直接投资的主要法规是 2004 年《投资促进法》。根据该法，外国投资者若有意在肯尼亚投资，只要获得肯尼亚贸易部下设的投资促进局批准，投资额达到 10 万美元（含）以上，所投资项目合法且对肯尼亚有益，就可以申领投资证书。

除《投资促进法》以外，肯尼亚还出台了很多针对不同细节、不同领域的外商投资规范。例如，2011 年 7 月 1 日起实施的《竞争法》旨在规范企业兼并和收购行为，防止垄断；《麻醉和神经药品法》禁止外国企业生产和经营麻醉和神经药品；《渔业法》规定外国企业拥有渔业公司有表决权的股份不得超过 49%；《火器法》和《炸药法》规定制造和经营火器（包括军火）及炸药的企业需要获得特殊许可证。①

---

① 商务部国际贸易经济合作研究院、中国驻肯尼亚大使馆经济商务处、商务部对外投资和经济合作司：《对外投资合作国别（地区）指南：肯尼亚》（2022 年版），2022 年 12 月，第 51 页。

　　20世纪90年代末以来，肯尼亚政府实施了两种特殊的激励外商投资的措施，即经济特区（SEZs）和出口加工区（EPZs）。经济特区是政府通过提供特殊税率、监管激励措施和基础设施以吸引特定领域的投资和商业来促进工业活动的区域。比如，埃尔多雷特经济特区就借鉴了中国工业园区的发展经验。同样，出口加工区侧重于为选定领域提供投资机会，以吸引出口导向型企业。

　　目前，为了保护当地产业，肯尼亚有三项法案限制外国参与或要求一定份额的肯尼亚所有权才能开展业务。第一项法案是2016年的《采矿法》，该法案保留了肯尼亚对公司的收购权，并规定肯尼亚国民或法人团体拥有采矿公司至少60%的所有权。第二项法案是《私营保安条例法》（2016），该法案要求肯尼亚国民或法人团体拥有公司所有权的25%，否则，外国公司将被限制参与私营保安业务。第三项法案是《国家建筑管理局法案》（2011），该法案对外国承包商实施限制，并要求承包商进入分包合同或合资企业时，当地公司至少拥有30%的股权。

第七章　非洲数字化领跑者

肯尼亚把以计算机及信息技术为主导的"第三次工业革命",和以人工智能等新技术为主导的"第四次工业革命",看作其搭上世界经济发展快车的机会。肯尼亚的数字化建设布局很早,尤其是在数字支付领域,移动支付实现较早,手机普及率也很高。

第一节　数字化建设布局较早

肯尼亚是东部非洲的数字经济中心,形成了以内罗毕为核心的产业聚集区,数字化转型走在了其他非洲国家的前面。除了优越的外资吸引政策外,肯尼亚在科技基础方面也有过人之处。一方面,得益于铺设在海底的数条电缆,肯尼亚有较好的网络硬件条件,这为其数字化发展提供了非常好的基础;另一方面,肯尼亚培养了大量数字技术人才,再加上政府主导的"数字扫盲",其数字化建设的铺设面很广。此外,5G 技术的不断普及也会再一次提升肯尼亚的互联网水平。

一　光纤网络覆盖所有郡

1998 年,《肯尼亚通信法》颁布,这意味着肯尼亚电信业正式进入市场化发展进程。从这一年开始,这个东非国家的信息通信技术发展进入快车道。也正是在这一年,中国华为公司进入肯尼亚市场。

我们都知道,数字发展最重要的一个基础条件就是"要有网",而且"网要快"。在这一方面,肯尼亚可谓是未雨绸缪,不但醒得早起得早，而且干得早。肯尼亚是东非地区第一个使用光缆通信的国家。早在 2005 年，肯尼亚就已经开始布局国家宽带基础设施计划，并于 2007 年正式启动国家光纤骨干网项目（National Optic Fibre Backbone Infrastructure，NOFBI）的建设。政府和企业联手，推动了国家光纤骨干工程、国际海缆建设等大工程。目前，肯尼亚拥有 4 条连通国际网络的海底电缆，同时还建有连接乌干达和坦桑尼亚的地面光纤网络。此外，还有几条跨境信息通道正在建设，比如连接吉布提、巴基斯坦以及南苏丹的跨境海缆、陆缆系统。以萨芬瑞电信（Safaricom）为代表的肯尼亚运营商还建有规模不等的私营光纤网络。2020 年，仅萨芬瑞电信公司一家便拥有 9000 公里的私营光纤通信网络。[①]另一项突破性成就是肯尼亚发射了第一颗卫星 Taifa-1。这可以加强其太空能力并改善通信网络。特别是在偏远地区，Taifa-1 卫星将增强互联网连接、电信服务和灾害管理能力，进一步缩小城乡间的数字差距。

这些四通八达的光纤网络，基本实现了全国 47 个郡的光纤联通，宽带覆盖全国 96.3% 的人口。[②]肯尼亚的网络不仅覆盖面广，网速也很快，位居非洲第一。这也是肯尼亚电信业在基础设施领域最为领先的板块。由于肯尼亚在信息通信建设方面的良好基础，世界银行将在这个领域与其加强合作，将提供资金为其建立 2.5 万个免费无线网络热点。

二　自上而下的"数字扫盲"

与相邻的几个非洲国家一样，肯尼亚一直把当前正在进行的科技革命看作其搭上世界经济发展快车的机会。

---

① "Safaricom 2020 Sustainable Business Report," Safaricom, https://www.safaricom.co.ke/sustainabilityreport_2020/ebook/20/, accessed February 15, 2024, p.44.
② 商务部国际贸易经济合作研究院、中国驻肯尼亚大使馆经济商务处、商务部对外投资和经济合作司：《对外投资合作国别（地区）指南：肯尼亚》（2022 年版），2022 年 12 月，第 22 页。

　　当地政府很重视信息技术的发展，尤其重视数字化知识和技能的普及和教育，并自上而下地引导数字教育理念和技术的推广和普及。早在 2016 年，肯尼亚就在全国范围内启动了"数字扫盲计划"。这个计划向所有小学教师和学生提供预装了数学、英语、科学和斯瓦希里语交互式数字内容的笔记本电脑和平板电脑，以增强他们的课堂体验。2018 年，政府率先向全国 1.9 万多所公立小学分发了 100 多万台设备，向约 9.1 万名教师提供数字学习内容的培训，超过 89.2% 的公立小学获得了这些设备。[1]

　　除了教育领域外，肯尼亚政府还将"数字扫盲"扩大到其他行业，承诺对 2000 万名公民进行数字技能培训。其中，公务员、教师、企业家等群体是培训的重点对象。一些非政府组织和私营部门也为失业的肯尼亚人提供数字技能培训。总之，只要你是肯尼亚人，或早或晚都要接受"数字扫盲"。

　　"数字扫盲"只是开端，数字化战略才是肯尼亚政府下的一盘大棋。目前，当地政府针对全学段开发整合了信息通信技术的课程，在全国范围内搭建各类型学校之间、学校与知识中心之间互联的数字化教育体系，创设吸引"海归"参与肯尼亚经济建设的友好环境，建立教育网络共享资源，在各层次教育推广数字化学习。而这么做的目的，就是让肯尼亚搭上数字科技发展的列车，成为东非的科技中心。

三　移动通信发展快

　　除了骨干的光纤网络外，肯尼亚的移动通信发展也非常快。3G、4G 网络覆盖很广，手机普及率也很高，其发达程度在非洲居于先进国家行列。

---

[1] "Bringing the Digital Revolution to All Primary Schools in Kenya," ITU News, May 29, 2020, https://www.itu.int/hub/2020/05/bringing-the-digital-revolution-to-all-primary-schools-in-kenya/, accessed February 23, 2024.

和中国一样，肯尼亚的移动通信网络建设主要靠几大运营商来开展。我们有三大运营商，他们也有三大运营商。英国沃达丰集团控股的萨芬瑞公司是肯尼亚最大的移动通信运营商，印度巴蒂集团下属的阿尔特尔公司（Airtel Kenya）是第二大移动通信运营商，肯尼亚电信（Telkom Kenya）是第三大移动通信运营商。在当地移动通信市场，萨芬瑞电信牢牢占据主导地位。在固定电话领域，老牌的肯尼亚电信则是垄断者。和中国的情况类似，肯尼亚的固定电话使用率也在急剧下滑。大家都在使用手机，现存的固定电话数量已经不多了。

如今，价格实惠的智能手机的广泛采用以及 3G 和 4G 网络的推出，彻底改变了肯尼亚的互联网接入方式。以萨芬瑞电信等三大运营商为代表的移动网络运营商在扩大互联网覆盖范围和提高连接速度方面发挥了重要作用，使上千万肯尼亚人能够连接到数字世界。早在2019 年，3G 网络就已经覆盖了肯尼亚 78% 的人口，而 4G 网络则覆盖到了 37% 的人口。[1] 所以，去肯尼亚旅游，完全不用担心没网。目前，4G 网络是肯尼亚使用最广泛的网络，其用户数量还在不断增加。2023 年 12 月，肯尼亚的 4G 用户数量已达到 2390 万人，[2] 约占其总人口的 44%，比前几个月有明显增长。这几年，肯尼亚数字基础设施建设还在紧锣密鼓地推进。相信不久的将来，肯尼亚将实现 4G 信号全覆盖。移动信号覆盖背后是手机用户的大幅增长。截至 2021 年底，肯尼亚全国手机用户约为 6500 万户，其中 4600 万为数据用户，约

---

[1] "Kenya-Country Commercial Guide—Information, Communications and Technology (ICT)," International Trade Administration, August 19, 2022, https://www.trade.gov/knowledge-product/kenya-information-communications-and-technology-ICT, accessed February 29, 2024.

[2] Kabui Mwangi, "5G Users in Kenya on Steady Rise of 13pc in Three Months," Business Daily, December 18, 2023, https://www.businessdailyafrica.com/bd/corporate/technology/5g-users-in-kenya-on-steady-rise-of-13pc-in-three-months--4467188, accessed February 29, 2024.

3000 万使用智能手机。①

此外，这三大运营商也在不断进行技术创新。例如，阿尔特尔公司已在肯尼亚引入 eSIM 技术。这项新技术可以在不使用物理 SIM 卡的情况下为用户提供网络服务。这大大方便了手机用户，使其可以无缝切换到他们选择的网络，不需要为"找网络"而烦恼。

四 5G 推广不掉队

2021 年 3 月，萨芬瑞公司在内罗毕举行 5G 服务发布仪式，肯尼亚成为继南非后的撒哈拉以南非洲地区第二个推出 5G 服务的国家。但是在 5G 商用方面，肯尼亚还有很长的路要走。事实上，它早在 2019 年就开始 5G 通信实验，但是由于多种原因，其商用网络建设推进得不是那么理想。截至 2023 年 11 月，萨芬瑞公司已将 5G 覆盖范围扩大到 35 个郡，5G 用户也在快速增长。② 阿尔特尔公司也紧随其后，正在有条不紊地布局自己的 5G 网络。这些不断推出的 5G 网络基站，最终要对全国 47 个郡实现全覆盖，使更多的肯尼亚人、家庭和企业受益于 5G 网络的无限可能。

最早与肯尼亚开展 5G 合作的是中国人比较熟悉的诺基亚公司，它的业务主要集中在肯尼亚西部地区。此外，华为、中兴等中国公司也是肯尼亚 5G 服务的重要供应商。其中，华为的 5G 以及其他技术、设备是肯尼亚 5G 网络部署和扩展的重要支撑。

5G 网络的扩张反映出肯尼亚一直在努力采用尖端技术并增强其数字基础设施。从它的 5G 发展过程可以看出，打铁必须自身硬，机会总是留给有准备的人。因为肯尼亚对数字技术发展的定位非常清

---

① 商务部国际贸易经济合作研究院、中国驻肯尼亚大使馆经济商务处、商务部对外投资和经济合作司：《对外投资合作国别（地区）指南：肯尼亚》（2022 年版），2022 年 12 月，第 22 页。

② Nixon Kanali, "Kenya's 5G Network Currently Serves over 500k Users," ITWEB, December 20, 2023, https://itweb.africa/content/P3gQ2MGAW14vnRD1, accessed February 29, 2024.

晰，所以其能率先捕捉到国内外数字技术发展的机会。未来，肯尼亚的 5G 服务一定会非常精彩。

第二节 数字之路，由全球伙伴共建

也许你会疑问，肯尼亚不显山不露水，也不是发达国家，为什么它的数字化建设那么超前？事实上，肯尼亚的数字发展得益于大量的国际合作。这里是非洲"东大门"，是很多国际组织在非洲的根据地，再加上肯尼亚"广交朋友、广纳援助"的外交导向，所以这里有很好的对外交流与合作的条件。而且，很多跨国科技巨头也愿意扎堆肯尼亚，如谷歌、微软、英特尔和 IBM 等，都在肯尼亚设有办公室和研究所。借助这些"外力"，肯尼亚很快就搭上了数字发展的顺风车。

一 众人拾柴火焰高

前文提到的那些四通八达的光纤、海底电缆，事实上很多都是国际合作的成果，中国也在其中贡献了一份力量。此外，很多资金也是由世界银行一类的国际组织和一些发达国家提供的。就连肯尼亚国内的三大网络运营商，也基本是外资控股企业。

肯尼亚深知广交朋友、广纳援助的好处，长期和国际电信联盟、英联邦电信组织等专业机构保持着密切合作。从一开始，它就按照国际电信联盟的标准来建设自己的网络，保持了与世界各国电信标准的一致性。世界银行则是在资金方面给了肯尼亚很多帮助，尤其在数字基础设施建设领域。

从 1984 年至今，肯尼亚一直是世界银行项目资助的重点对象。这些资助主要集中在肯尼亚的电信通信基础设施建设方面，比如很早时候的国际拨号业务和后来的跨境光缆建设，还有近期的网络热点基站建设，等等。2022 年，世界银行又承诺提供资金，帮助肯尼亚加速数字化转型,支持肯尼亚成为一个更具活力的数字投资、创新和增长中心。

除了国际组织,美国、韩国、印度等国家也是肯尼亚数字技术发展的重要参与者。这些国家要么提供技术,要么出资,要么帮忙培养人才,都是肯尼亚数字化道路上不可不提的合作伙伴。还有大量世界知名的科技公司,如科技巨头谷歌、微软、英特尔和 IBM 等,均在肯尼亚设有办公室和研究所,而且都积极参与当地的数字人才培养和信息技术发展。

当然,要说谁是肯尼亚数字发展道路上最重要的合作伙伴,那一定少不了中国。

二 中国是重要数字伙伴

从华为 1998 年进入肯尼亚,这里就成了中国与非洲国家开展数字合作的范本。

中国和肯尼亚之间的信息通信合作最开始主要围绕国家光纤骨干网络项目展开。这是肯尼亚有史以来最大的电信基础设施建设项目,中国既出钱又出力。项目的光纤基础设施建设主要由华为、中兴等中国公司承担。中国不仅参与肯尼亚国内的光纤网络建设,还是东非地区跨境光纤联通建设的重要参与者。不仅如此,连接肯尼亚、巴基斯坦、法国以及东非诸国的和平海缆系统建设也是由恒通集团、华为等中国企业主导的。可以这么说,中国绝对是肯尼亚数字化道路上不可替代的好伙伴。

当然,在设备供应方面,中国产品也是肯尼亚的重要选择。如果您去过肯尼亚,那就一定能了解一二。华为、中兴、传音、联想、小米等中国品牌产品在肯尼亚电信设备市场的各细分领域都占有重要地位。例如,个人电脑市场看联想,手机市场有传音、华为和 OPPO,它们都在肯尼亚有着非常不错的成绩。此外,华为还是肯尼亚电信市场最大的移动通信基站设备提供商。中兴公司同肯尼亚电信市场各运营商间也保持着密切的合作关系。

三　中企助力数字人才培养

华为公司在很多国家都设有专门的部门来开展数字技能培训，在肯尼亚也不例外。华为公司有自己的信息通信技术学院，还和肯尼亚的很多大学成为合作伙伴，开展校企合作，共同培养信息技术人才。华为既是部分设备的提供方，也承担一定的教学任务，最后还能为学生提供相应的就业岗位。这些学校的学生也可以通过华为的平台获得数据资源参与线上培训。

同时，为了满足非洲偏远地区的数字化教育需求，国际上的一些企业或非营利组织已经在行动。其中，华为在肯尼亚推出了DigiTruck。简单来说，DigiTruck是一个安装在卡车上的太阳能移动教室，由一个旧集装箱改装而来，配备了笔记本电脑、智能手机和4G网络。DigiTruck可以为偏远社区的居民提供免费的基础数字技能培训，还可作为移动保健中心、社区训练中心或兼作网吧。目前，华为已将DigiTruck的互联网升级为5G，并计划覆盖肯尼亚所有47个郡，向所有人提供急需的数字技能培训，不让任何人掉队。

当然，不止华为一家公司在这么做，其他中国电信企业和相关机构也在行动。例如，传音公司同联合国难民署合作，为肯尼亚达达卜（Dadaab）难民营的数千名难民儿童提供资金和物资，帮助这些孩子改善学习和生活条件。此外，中国对外职业教育合作的旗舰项目"鲁班工坊"也已正式落地肯尼亚，主要由天津城市职业学院与肯尼亚马查科斯大学合作开展，专门对肯尼亚青年进行云计算和信息安全方面的培训。所以，中国和肯尼亚在数字建设方面的合作是方方面面的，不仅有硬件建设合作，还包括人才培养、社区发展等"软合作"。

第三节 数字支付弯道超车，缔造现实版"瓦坎达"

肯尼亚是全球增长最快的十个数字经济体之一。数字技术、数字经济如今是肯尼亚的热词，这里也有抓住科技东风的条件。一方面，肯尼亚市场开放，是东非区域吸收外资的门户；另一方面，肯尼亚的信息技术基础设施完善，数字经济底层建筑稳固。现在，肯尼亚政府还要斥巨资打造一个科技城，打造实实在在的"东非硅谷"，值得期待。当然，这里最令人津津乐道的就是它超前的移动支付。

一 不用联网的移动支付

在非洲，移动支付并不是什么新鲜事。这里是全球新注册移动钱包账户增长率最高的地区。当我们国家还在推广3G服务，微信还没有普及的时候，肯尼亚就已经在推广移动支付。

早在2007年3月，当地最大电信运营商萨芬瑞电信就和肯尼亚商业银行、非洲商业银行合作推出了一款名为"移动钱包"（M-Pesa，M代表"移动"，Pesa在斯瓦希里语中代表"金钱"）的移动支付平台，并在当地快速普及。

M-Pesa的优势在于哪怕用户没有智能手机，或者手机没有接入互联网，只需要一台功能手机，通过收发短信的方式，就可满足用户的转账、支付、收款、贷款等金融服务需求。[1] 使用者把钱从银行取出来，放在移动钱包账户里，可以随时使用。在饭店、超市里直接用手机付款，成为当地民众生活中不可或缺的一部分。值得一提的是，

---

[1] 《中非数字合作 | 中国技术助力肯尼亚发展移动支付》，央视新闻，2022年7月8日，https://mp.weixin.qq.com/s?__biz=MzA3MDA5NDQyNw==&mid=2649350413&idx=3&sn=fc3a35cf2e7800e80eb8073032157c79&chksm=86df5a39b1a8d32f71694151b861a9388b2e58d00e7a6e027becff00a71dd8e58db5378d9812&scene=27#wechat_redirect，最后访问时间：2023年9月17日。

这个移动支付平台平稳运行的背后离不开中国技术的支持。

事实上，肯尼亚的银行卡普及率并不高，农村地区更是以现金支付为主。但是携带大量现金的风险和成本很高。于是，肯尼亚人民逐步养成将移动数据作为"代币"来进行支付的习惯，即用预付的通话时长来偿还债务或转账交易。许多民众选择将手机账号作为储蓄账户，将大部分财富换成通话时长进行存储，以便日后转售。由于这种方式比随身携带现金更安全，电信代理商们又几乎无处不在，把钱"存在手机里"比存在银行更为方便。所以，当 M-Pesa 推出时，人们早已习惯用手机处理财务问题，能更快接受并使用这一支付工具。如今，在肯尼亚，九成以上成年人使用移动支付。

可以这么说，肯尼亚的移动支付已经实现弯道超车。随着数字经济发展释放出更多元的消费场景，数字支付将有更大潜力取代传统支付模式。肯尼亚的数字支付将迎来巨大的发展空间。

二 数字贸易未来可期

在数字技术发展的推动，以及数字支付的支持下，肯尼亚的数字贸易普及率越来越高，网上购物越来越普遍。目前，肯尼亚的网络零售平台主要有欧美背景的 Jumia 和中国企业 Kilimall 两家。另有数家分属不同领域的电商平台，例如按需提供快递服务的平台 Glovo、为中小商户提供网店建设服务和商品发布平台的 Skygarden、农村电商 Copia、B2B 型电商 Twiga Foods 和 Sokowatch。

Kilimall 成立于 2014 年，是中国人在肯尼亚搭建的集多国订单、交易、支付、配送等功能于一体的一站式国际电子商务平台，可以将其理解为非洲版的"淘宝"。它在肯尼亚、乌干达、尼日利亚都设有办公室，辐射周边 10 多个国家，目标是成为"非洲第一电商平台"。其客户群体是小型批发卖家和消费者，当地卖家和中国卖家均可入驻。

Jumia 是非洲电子商务巨头，是非洲首家独角兽企业，被称为"非洲亚马逊"，其业务模式与亚马逊很相似。

三 数字经济"四小龙"

历经约 20 年发展，非洲东西南北各地区均形成各自数字经济区域中心和有本地特色的产业格局并辐射周边国家。肯尼亚、尼日利亚、南非、埃及被视为非洲数字经济"四小龙"。肯尼亚是东部非洲数字经济中心，形成了以首都内罗毕为核心的产业聚集区，被称为"非洲硅谷"，在移动支付和数据中心方面更是优势明显。[①] 2016 年以来，其信息通信技术（ICT）产业年均增长 10.8%。[②]

数字经济拼的是人才，这恰恰也是肯尼亚的一大优势。2021 年，肯尼亚成年人口中，有 120 多万人是数字工作者，这个数字占到当年总人口的将近 5%，相比于 2019 年的 63.8 万人，几乎翻了一番。他们从事线上营销、线上助理、学术写作、软件开发和数据科学等工作。[③] 据市场分析机构埃森哲的预测，到 2025 年，数字经济预计将占肯尼亚 GDP 的 9.24%。[④] 尽管这一数字还远低于世界银行统计的全球平均水平 15%，但在基础建设普遍还不够完善的非洲，肯尼亚绝对属于数字经济"优等生"，是少数几个率先利用数字技术促进经济增长的国家之一。我们可以想象一下，掌握很多先进科学技术的肯尼亚是

---

① 张泰伦、陈晓涵、叶勇：《非洲数字经济驶入"快车道"》，《世界知识》2022 年第 5 期，第 53—55 页。

② "How Digital Integration has Transformed Kenya's Transport Sector," World Bank, May 12, 2021, https://www.worldbank.org/en/news/feature/2021/05/12/how-digital-integration-has-transformed-kenya-s-transport-sector, accessed April 16, 2024.

③ "5 Percent of the Adult Population in Kenya Are Digital Workers, the Kenyan Wall Street," Business Reporter, September 21, 2021, https://kenyanwallstreet.com/5-of-the-adult-population-in-kenya-are-digital-workers/, accessed February 24, 2024.

④ "ICT Talent Cultivation for Kenya's Digital Economy (2021)," Huawei, UNESCO, p.3, https://www-file.huawei.com/-/media/corporate/local-site/ke/pdf/ict-talent-cultivation-for-kenyas-digital-economy-whitepaper.pdf, accessed February 24, 2024.

不是很像漫威电影《黑豹》里那个原始部落外衣下无比"高大上"的国家"瓦坎达"？

2022年，世界银行已承诺帮助肯尼亚加速数字化转型，并为此提供一定的资金，支持肯尼亚成为一个更具活力的数字投资、创新和增长中心。通过建立网络安全框架、建设基础设施，肯尼亚和世界银行将共同探索非洲的数字市场。那个电影里的"瓦坎达"能否照进现实？我们拭目以待。

四　"东非硅谷"指日可待

肯尼亚要把自己打造成为东非的科技中心。这个计划实施的关键步骤就是孔扎科技城（Konza Technopolis）的建设。

孔扎科技城位于内罗毕以南64公里处，也刚好位于肯尼亚两大重要城市内罗毕和蒙巴萨之间，肯尼亚政府计划将其建设成一个大型技术枢纽城市，可能成为下一个"东非硅谷"。它是肯尼亚国家发展计划"肯尼亚2030愿景"的核心内容和主要推动力。

这个项目预计耗资145亿美元，建成后孔扎科技城将成为肯尼亚未来业务流程外包、软件开发、数据、灾难恢复、呼叫和轻组装制造业的中心。孔扎科技城还会配套酒店、住宅区、学校和医院，并为在科技城工作和生活的人们提供普通商品房和经济适用房，以及为学生提供经济适用房。该项目还计划与韩国共建一所培养ICT硕士人才的科学技术大学。[①]据预测，孔扎科技城一期工程建成后，将创造1.7万个就业机会，并为肯尼亚额外贡献2%的GDP。[②]目前，这个"东非硅谷"的建设已经处于第一阶段的最后完工阶段，完成了必要

---

① 朴英姬：《"非洲硅谷"肯尼亚》，《世界知识》2024年第1期，第70—71页。

② Otiato Opali, "Kenya Set to Become Africa's High-tech Hub," China Daily, May 25, 2023, https://global.chinadaily.com.cn/a/202305/25/WS646ebe5ca310b6054fad4fe7.html, accessed February 24, 2024.

的基础设施铺设。它也正在吸引包括中国在内的来自全球各地的投资者，共建肯尼亚科技未来。

同时，肯尼亚政府也非常强调ICT行业在实现其发展宏图中的作用，要重点发展ICT相关的五大支柱产业，包括数字政府、数字商务、基础设施、创新创业和数字技能培训。中国企业是孔扎科技城建设的重要参与者。目前，华为与肯尼亚政府签署协议，加强ICT产业发展合作，在孔扎科技城建设国家云数据中心、智能ICT网络、政府和企业云服务中心等ICT基础设施。[①]

---

① 朴英姬：《"非洲硅谷"肯尼亚》，《世界知识》2024年第1期，第70—71页。

第八章　东非枢纽和门户

肯尼亚是撒哈拉以南非洲交通较为繁忙的国家之一，有较为齐全的公路、铁路、航空和海运交通体系。这里的交通便利性呈现出明显的南北差异。以赤道为界，在空间上大致呈现南高北低的变化趋向。首都内罗毕和东非大港蒙巴萨及其周边行政区交通要好于其他区域，且以肯尼亚铁路为轴线呈带状分布。[①] 当前，加大基础设施投入、改善交通条件是肯尼亚的重要工作。在"一带一路"倡议实施背景下，中国已成为肯尼亚基础设施建设最大融资国和承建方之一。

第一节　公路是主力，"搓板路"已成往事

肯尼亚交通运输主要靠公路。在以前，人们依靠坑坑洼洼的"搓板路"通达四方。如今，肯尼亚的主要公路，尤其是郡与郡之间的公路都已经升级为宽敞平坦的柏油路，通往各大国家公园的旅游公路也已经改造完成。呈现在我们面前的，已经是一个崭新的肯尼亚。

一　公路最繁忙

肯尼亚的交通运输以公路为主，拥有较为完整的公路网，是东非地区公路设施较好的国家。非洲公路一般分为 A、B、C、D 级，很多非洲国

---

① 郭政、陈爽、姚士谋等：《肯尼亚交通优势度及其空间分异格局分析》，《地理科学》
2020 年第 6 期，第 956—964 页。

家一般只有 A 级公路是柏油路，肯尼亚做到了 A、B、C 三个级别公路都是柏油路。

截至 2022 年，肯尼亚公路总里程 17.78 万公里。路网规模已从独立时的 4.18 万公里增加到目前的约 6.36 万公里。同期，沥青铺面的道路长度从 1811 公里增加到 9273 公里。目前，定级道路中约有 70%（4.41 万公里）状况良好，只需要定期观察和轻微维护，而其余 30% 需要修复或重建。[①]

肯尼亚正在不断改造和完善公路网络，不过各地路况差异比较大。主要城市之间有较平坦的沥青路面高等级公路，但是乡村地区路况较差，偏远地区更差。客运长途汽车多为中巴，固定票价，人满发车。在内罗毕、蒙巴萨和其他一些较大城市，有汽车租赁公司提供方便快捷的租车服务，但价格一般较高。

需要注意的是，肯尼亚为右舵左行国家，中国驾照不可在当地使用。中国公民必须取得肯尼亚居留证件并通过当地驾校考试才能换发肯尼亚驾照。

二 中企打通旅游大动脉

每年的 7 月至 10 月，都会有上百万头角马、斑马等野生动物从坦桑尼亚塞伦盖蒂草原越过马拉河，前往肯尼亚的马赛马拉国家公园。这场最勇敢的泅渡，被称为"天国之渡"。然而，世界各地的游客前往马赛马拉观看动物大迁徙的路途也很艰难，如同"渡劫"。通往马赛马拉的道路极度颠簸，人坐在车上，像被"按摩"一样，一直在跳。这种"搓板路"带给行人的颠簸也被戏称为独特的"非洲式按摩"。人受不了，车也受不了，很多车在路上都可能散架。"搓板路"

---

① 商务部国际贸易经济合作研究院、中国驻肯尼亚大使馆经济商务处、商务部对外投资和经济合作司：《对外投资合作国别（地区）指南：肯尼亚》（2022 年版），2022 年 12 月，第 19 页。

遍及肯尼亚很多地方，乡村地区以及通往各大著名动物保护区的必经之路，曾经都是"搓板路"的天下，路况很差，令人叫苦不迭。

如今，随着肯尼亚大力改善公路交通，这些"搓板路"也将逐渐成为历史。中国是肯尼亚基础设施改造建设的重要参与方，大量由中国企业承建的公路建设和改造项目在肯尼亚落地，如内罗毕快速公路、C12 公路、RWC103 乡村道路等。其中，中国武夷实业股份有限公司承建的 C12 公路就打通了通往马赛马拉国家公园的旅游大动脉，改造了"搓板路"，还把行程从 3 小时缩短到 1 小时。从此，游客们不用再颠簸地"跳着"去往马赛马拉。

三　多条公路连通邻国

肯尼亚是东非交通枢纽，有很多公路连通周边国家。目前，与周边国家互联互通的公路主要有 A1 公路（坦桑尼亚—肯尼亚—南苏丹）、A2 公路（肯尼亚—埃塞俄比亚）、A3 公路（肯尼亚—索马里）、A23 公路（肯尼亚—坦桑尼亚）、A104 公路（坦桑尼亚—肯尼亚—乌干达）以及总长 242 公里的阿鲁沙（坦桑尼亚）—阿西河公路。[①] 此外，还有穿越非洲 4 号线路（开罗—开普敦公路）和穿越非洲 8 号线路（拉各斯—蒙巴萨公路）。

在建的跨境公路有：蒙巴萨—内罗毕—亚的斯亚贝巴（埃塞俄比亚）公路，总长约 1000 公里；阿鲁沙（坦桑尼亚）—沃伊公路，总长 230 公里。

第二节　乘坐火车看大象

前文提过，肯尼亚有一个别称——"诞生在铁轨上的国家"。这

[①] 商务部国际贸易经济合作研究院、中国驻肯尼亚大使馆经济商务处、商务部对外投资和经济合作司：《对外投资合作国别（地区）指南：肯尼亚》（2022 年版），2022 年 12 月，第 19—20 页。

并不是说肯尼亚铁路建设有多辉煌，而是指肯尼亚独立运动与一条铁路息息相关，那就是修建于殖民时期的"老米轨"。这条"老米轨"慢慢悠悠运行了100多年，至今还是当地的重要铁路线。可见肯尼亚的铁路建设还有很长的路要走。随着中国帮助建设的蒙内铁路开通运营，肯尼亚终于迎来了现代化铁路时代。未来，这里还将诞生更多更快的铁路。

一 铁路发展滞后

肯尼亚铁路总里程为2778公里米轨、605公里标轨。[①] 虽然这个公里数不算低，但是大部分铁路都是殖民时期修建的老米轨，破旧、速度慢，运力也一般，不能和现代高速铁路相比。

从内罗毕火车站可前往其他主要城市，其中内罗毕至蒙巴萨线备受游客青睐。在火车站和当地旅行社均可购买火车票。由乌干达通往蒙巴萨港的老铁路穿越察沃国家公园，乘坐列车饱览非洲草原的壮丽景色绝对是令人毕生难忘的经历。

肯尼亚目前尚无高铁，主要城市也没有地铁或城铁。

二 铁路建设是重点

对国内铁路更新换代和完善整体铁路网是肯尼亚政府的重要计划，中国企业也深入参与其中。2017年5月31日，由中国交通建设集团承建的蒙巴萨至内罗毕的标准轨距铁路正式竣工通车。这就是蒙内铁路，全长485公里，是肯尼亚独立以来修建的最大基建项目之一。通过蒙内铁路一天之内可以往返内罗毕和蒙巴萨，单程缩短至4个小时。这是以前坐老火车和大巴都无法实现的，靠公路运输更是得

---

① 商务部国际贸易经济合作研究院、中国驻肯尼亚大使馆经济商务处、商务部对外投资和经济合作司：《对外投资合作国别（地区）指南：肯尼亚》（2022年版），2022年12月，第20页。

好几天。蒙内铁路是东非铁路网的第一段，未来可拓展至东非其他国家。它采用中国标准、中国技术和中国装备，是中肯产能合作的典范项目，具有标志性、突破性和示范性意义。

2019 年 10 月 16 日，由中国企业建设的东非铁路网二期工程内马铁路（内罗毕—马拉巴标准轨距铁路）[①]的第一段内罗毕—纳瓦沙段竣工通车。2020 年 10 月，肯尼亚开始对隆戈诺特至马拉巴 465 公里的米轨铁路进行升级改造，同时新建 23.3 公里米轨铁路连接纳瓦沙和隆戈诺特，该项目也是由中国交建承建。此外，肯尼亚规划中的铁路项目还包括拉穆港到亚的斯亚贝巴的标准轨距铁路、拉穆港到蒙巴萨港的沿海铁路。

随着蒙内铁路和内马铁路项目运营的逐步完善，今后肯尼亚铁路客货运输量及收益都有望继续增加。

三　穿越野生动物保护区

肯尼亚境内国家公园和自然保护区特别多，目前通车的铁路几乎都要穿越一个或多个保护区，游客可以坐着火车看大象、看长颈鹿、看斑马。例如，中国修建的蒙内铁路与米轨铁路的蒙巴萨—内罗毕段基本并行，穿越内罗毕国家公园、察沃国家公园等野生动植物保护区，其中，有 120 公里穿过察沃国家公园。坐在火车上可以看见悠然漫步在察沃草原上的象群、斑马和角马。幸运的乘客或许还能在火车上拍摄到狮子捕猎的珍贵画面。

为了最大限度地降低对动物正常生活的影响，蒙内铁路全线共设置大型野生动物通道 14 个、桥梁 79 座。所有桥梁式动物通道净高均

---

① 这条铁路全长 489 公里，该项目包括内罗毕—纳瓦沙段（2A）、纳瓦沙—基苏木段（2B）和基苏木—马拉巴段（2C）三部分。

在 6.5 米以上，方便大象和长颈鹿等大型动物通行。①轨道两侧设置隔离栅栏，防止动物通过，减少动物与列车相撞事故发生概率。横跨内罗毕国家公园的特大桥还特意安装了隔音屏障，以降低列车通过时的噪声。为了尽量减少铁路对蒙巴萨红树林的影响，建设方还采取了绕行红树林等多项保护措施。这些措施都是中国工程建设尊重自然、顺应自然、保护自然的生动体现。

四　更多铁路将连通国内外

修建更多更快的铁路连通国内城市和周边国家是肯尼亚的未来发展计划之一。例如，作为"拉穆港—南苏丹—埃塞俄比亚运输走廊"（Lapsset，拉普赛特走廊）大型基建计划②的一部分，肯尼亚计划于2025 年开始建设一条价值 138 亿美元的高速电气铁路，从印度洋港口拉穆通往埃塞俄比亚和南苏丹。这条全长 3000 公里的标准轨距铁路将把新港口与肯尼亚中部城镇伊西奥洛连接起来，并分成三条支线分别通往亚的斯亚贝巴、朱巴和内罗毕。③

铁路将有助于减少埃塞俄比亚对厄立特里亚阿萨布港、马萨瓦港和吉布提红海港口的依赖，同时也为南苏丹提供了苏丹港之外的另一个选择。到 2030 年，埃塞俄比亚和南苏丹的货物装卸需求预计将达到 2900 万吨，预计每年将有 70 万名乘客使用这条铁路。连接南苏丹

① 董江辉、孙瑞博：《蒙内铁路运营 5 周年——生态环保之路》，中国青年网，2022 年8 月 3 日，http://news.youth.cn/jsxw/202208/t20220803_13892874.htm，最后访问时间：2023 年 9 月 14 日。
② 该计划包括石油管道、炼油厂、发电厂、公路和机场等众多基建项目，耗资约 220 亿美元。
③ 中华人民共和国驻南苏丹共和国大使馆经济商务处：《肯尼亚重启价值 138 亿美元的连接埃塞、南苏丹的铁路计划》，中华人民共和国商务部网站，2023 年 8 月 28 日，http://nsd.mofcom.gov.cn/article/ztdy/202308/20230803436194.shtml，最后访问时间：2023 年 9 月 14 日。

的工程将随后开始，预计在 2040 年完工。^①

第三节　机场非常多，直飞景点省时又省力

前面提过，早上采摘的肯尼亚鲜花，晚上就能出现在万里之外的荷兰阿姆斯特丹市场。可想而知，肯尼亚航空运输的便捷程度已经达到很高水平。而且它的航空运输量很大，在撒哈拉以南非洲地区属于第一梯队。这里国内机场特别多，也有直达世界各地的航班。因此，乘坐飞机是到达肯尼亚的最便捷方式。

一　机场非常多

目前，肯尼亚有 4 个国际机场、4 个国内机场和 400 多个小型或简易机场。^② 4 个国际机场分别是内罗毕的肯雅塔国际机场、蒙巴萨的莫伊国际机场、埃尔多雷特国际机场和基苏木国际机场。内罗毕的肯雅塔国际机场是非洲最繁忙的机场之一。

肯尼亚的国内航空网络也比较完善，有肯尼亚航空、Air Kenya 航空、Mombasa Air Safari 航空和 Regional Air 航空等航空公司。肯尼亚航空公司是国家航空公司，也是非洲主要的航空公司之一，通达 42 个国家和地区。肯尼亚同周边国家乌干达、坦桑尼亚、南苏丹、埃塞俄比亚、索马里均有直航。

---

① 中华人民共和国驻南苏丹共和国大使馆经济商务处：《肯尼亚重启价值 138 亿美元的连接埃塞、南苏丹的铁路计划》，中华人民共和国商务部网站，2023 年 8 月 28 日，http://nsd.mofcom.gov.cn/article/ztdy/202308/20230803436194.shtml，最后访问时间：2023 年 9 月 14 日。

② 商务部国际贸易经济合作研究院、中国驻肯尼亚大使馆经济商务处、商务部对外投资和经济合作司：《对外投资合作国别（地区）指南：肯尼亚》（2022 年版），2022 年 12 月，第 21 页。

二 直航广州、长沙和深圳

肯尼亚航空公司于 2006 年开通内罗毕飞往中国广州的航线，中途经停曼谷，2013 年又开通内罗毕直飞广州的航班。随着中国各大城市和肯尼亚的联系越来越紧密，中国的航空公司也开通了相关航线，长沙、深圳等中国城市加入直航肯尼亚的队伍。例如，2015 年 8 月，南方航空公司开通广州往返内罗毕的直航；2019 年 6 月，开通长沙往返内罗毕的直航；2020 年 11 月，开通深圳往返内罗毕的直航。

香港也有直达内罗毕的航班，但从北京、上海飞往内罗毕尚无直达航班，需要在迪拜、阿布扎比、多哈或亚的斯亚贝巴等地转机。

三 直飞景点不是事儿

在肯尼亚，选择飞机直飞任何旅游景点都比公路旅行更快更轻松。即便坐飞机有一系列换乘、安检、候机等事项，也比坐汽车方便，可以节省 3 到 8 个小时的旅行时间。

内罗毕的威尔逊机场有飞往全国几乎所有著名景点的飞机。这个机场是国内机场，虽然小，但相当繁忙且高效，专门负责为游客提供方便快捷的旅行服务。例如，每天上午至少有两趟航班从威尔逊机场飞往著名的马赛马拉国家公园，下午又飞回来，旺季还会安排更多航班，非常方便。为游客提供直飞景点服务的是肯尼亚航空公司、Safarilink、Governors Aviation 等航空公司。这些航空公司也为旅客提供去往肯尼亚任何地方的包机服务。

除了直飞大草原 Safari，游客还可以直飞东南海岸享受原始海滩和温暖海水。伦敦、阿姆斯特丹、巴黎等欧洲城市以及迪拜都有直飞蒙巴萨的航班。

因为肯尼亚国内机场特别多，所以出发机场和到达机场的选择就非常重要，稍不留神就会走错地方。例如，马赛马拉国家公园周边有十几个机场，有些是商用、有些是专用于动物保护，要选择离住宿点最近的机场，否则会很麻烦，转机转乘费时费力又费钱。

第四节　东非第一港，自古就很忙

肯尼亚一直都是东非海运的出入口。蒙巴萨是东非第一大港口，每天都有来自不同国家的货船在这里进进出出。这里不仅是肯尼亚各地的货物集散地，也是邻国乌干达、坦桑尼亚、南苏丹乃至腹地布隆迪、卢旺达、刚果民主共和国等十几个国家国际贸易货物进出的门户港。

一　东非海运枢纽

肯尼亚地处非洲东海岸，占据连接南北的重要位置，其港口既能通过水路接入印度洋，又能通过陆路连接东、中非地区，是地区交通网的核心所在。

1978 年以来，肯尼亚港务局（KPA）一直负责管理蒙巴萨港，监督"非洲枢纽港"转型计划的实施，以及授权维护、运营、改善和监管所有在建或拟建的沿海港口。此外，肯尼亚还有拉穆、马林迪（Malindi）、基苏木、基利菲（Kilifi）、姆特瓦帕（Mtwapa）、基温加（Kiunga）、西莫尼（Shimoni）、芬奇（Funzi）和万加（Vanga）等港口。目前，肯尼亚正重点建设蒙巴萨港和拉穆港，并配套设立自由贸易区，以及两条引领地区经济一体化的战略性走廊。

蒙巴萨港靠近南非德班港和红海、中东主要港口的中间位置，是肯尼亚和东非最大最繁忙的海港，也是东非、中非内陆国家货物进出口的主要中转港。从阿拉伯人到达非洲开展贸易开始，蒙巴萨就是连接亚非、辐射周边的重要港口。这个港口 2008 年 8 月起 24 小时运转。目前，蒙巴萨港口有 21 个深水泊位、2 个大型输油码头，可停泊 2 万吨级货轮，[①]可以与世界上 80 多个港口直接互联互通，是进入东非和中非的主要通道，服务对象涉及肯尼亚、乌干达、卢旺达、布隆迪、刚果民主共和国东部、南苏丹、埃塞俄比亚、索马里和坦桑尼亚北部的广袤腹地，覆盖人口超过 1.2 亿人。[②]

根据"肯尼亚 2030 愿景"，肯尼亚计划将蒙巴萨港扩建成为年吞吐量 5000 万吨的地区海运中心，中国公司承担其扩建工作。蒙巴萨港的扩建将促进区域经济一体化和互联互通。

二 为"跨海族"解忧愁

2020 年 12 月，由中国企业承建的东非第一座海上浮桥在蒙巴萨落成，极大改善了当地居民的跨海通行条件。过去，当地居民主要依靠轮渡通行，非常麻烦。乘客要先到轮渡站排队才能登船，船上除了有自行车、摩托车等交通工具，还有小商贩托运的肉类、海鲜等，空间拥挤且充满异味。由于轮渡运营过程中安全事故频发，通勤问题成为当地政府亟须解决的民生难题。因此，肯尼亚政府邀请中国企业建造一座全长近 2 公里的跨海浮桥。

自建成以来，这座名为"利科尼"的跨海浮桥直接把"跨海族"的跨海时间从 45 分钟缩短至 10 多分钟，得到当地政府和居民的高度赞誉。

如今，该浮桥日均通行人流量达 30 万人次。浮桥还设有 186 米可开启段，[③]以保证进出港口的船舶通行。目前，轮渡主要用于运输跨

[①] 商务部国际贸易经济合作研究院、中国驻肯尼亚大使馆经济商务处、商务部对外投资和经济合作司：《对外投资合作国别（地区）指南：肯尼亚》（2022 年版），2022 年 12 月，第 21 页。

[②] B. Matiri Maisori, "The Economic Development of Kenya's Ports and Opportunities for China-Africa Cooperation," *Cover Stories*, Issue 8, April 2018, pp.46–51.

[③] 黎华玲等：《"谢谢中国！"肯尼亚"跨海族"的通勤路更加安全》，中国一带一路网，2022 年 1 月 20 日，https://www.yidaiyilu.gov.cn/p/216026.html，最后访问时间：2023 年 8 月 25 日。

海车辆。

三 重点打造拉穆港

蒙巴萨以北的拉穆港是肯尼亚重点打造的第二个主要口岸。根据"肯尼亚 2030 愿景",肯尼亚计划将拉穆港建成拥有 32 个泊位、年吞吐量为 3000 万吨的超大型港口,其辐射的陆地面积占肯尼亚北部地区的 70%。

拉穆港是"拉穆港—南苏丹—埃塞俄比亚交通走廊"的重要组成部分。作为"肯尼亚 2030 愿景"的旗舰工程,在拉穆群岛曼达湾,政府已经划出 7 万英亩(约 28328 公顷)的土地用于超大港口建设。拉穆港连接位于大西洋西非海岸的杜阿拉港,填补了这一段无大港口的空白,无缝连接服务于东非和中非地区的贸易和物流。中国企业是这个项目的建设者。

2022 年 5 月,由中国企业承建的肯尼亚拉穆港 1—3 号泊位全部移交并投入运营,预计一年能够处理 120 万个标准集装箱。[①]

此外,肯尼亚还计划融资 1.3 亿美元新建基苏木港。目前,中交集团已与肯方签署基苏木港扩建项目的商业合同。

[①] 商务部国际贸易经济合作研究院、中国驻肯尼亚大使馆经济商务处、商务部对外投资和经济合作司:《对外投资合作国别(地区)指南:肯尼亚》(2022 年版),2022 年 12 月,第 21 页。

第九章　教育优先，全民健康在路上

提起非洲，我们脑海中往往浮现出荒野、野生动物和原始部落。但是，在教育、科技发展等领域，肯尼亚在非洲却独树一帜。在这里，教育被赋予绝对地位。所以，肯尼亚不仅是"长跑王国"，还要在教育、卫生、全民健康等领域实现全面发展。

第一节　投资教育，重视人才培养

肯尼亚政府高度重视教育发展，该国的教育水平是周边所有国家中最高的。全国人口的识字率达到了80%，但区域差异较大，内罗毕的识字率最高，达到了87.1%，[①] 识字率最低的东北部仅为9.1%。[②] 肯尼亚的大学教育也不错。此外，在降低教科书成本、推动男女平等入学、数字化教学培训等方面，肯尼亚做得也非常不错。优质的教育基础能在很大程度上帮助这个国家实现到2030年成为新兴工业化国家的目标。

[①] "Literacy Rate, Adult Total (% of People Ages 15 and Above)–Kenya," World Bank, September 19, 2023, https://data.worldbank.org/indicator/SE.ADT.LITR.ZS?locations=KE, accessed February 24, 2024.

[②] Joyce N. Kebathi, "Measuring Literacy: The Kenya National Adult Literacy Survey," VHS DVV International, https://www.dvv-international.de/en/adult-education-and-development/editions/aed-712008/international-reflections-on-issues-arising-from-the-benchmarks-and-call-for-action/measuring-literacy-the-kenya-national-adult-literacy-survey, accessed February 15, 2024.

一　教育经费达到世界平均水平

肯尼亚历来重视教育，很舍得在教育领域进行投资，其教育投入已经达到世界平均水平。例如，在2020—2021年的国家预算公告中，教育部门获得了44亿美元的经费，占国家预算的26.7%，[①]而且这个数额还在持续增加。在2023—2024年的国家预算中，教育拨款为45.9亿美元，同比增长了10%，[②]远远高于用于卫生、农业、安全和总统府的拨款总额。教育的4个主要支出领域是基础教育（小学和中学）、技术和职业培训、高等教育和研究，以及教师服务委员会。其中，基础教育经费增幅最大。

2003年，肯尼亚就实行了免费初等教育。这个鼓励政策直接推动在校学生数量翻了3倍，使得很多原本无法上学的贫困儿童也能享有平等入学的机会。因此，相较于周边国家，肯尼亚基础教育普及率高。2022年，其15—24岁的年轻人识字率高达89.2%。[③]

虽然教育经费投入不少，但公立学校仍然面临着师资短缺、教室不足和教材落伍等问题。中等收入家庭更喜欢将孩子送进私立学校。私立学校的教学设施较发达，学生考试成绩普遍优于公立学校。2013年，时任肯尼亚总统肯雅塔提出一个雄心勃勃的计划，要让所有的小学一年级学生，每人免费获得一台笔记本电脑。虽然这个计划至今没能实现，但也能从中窥见肯尼亚政府力推教育的雄心。

---

① International Trade Administration, "Kenya-Country Commercial Guide-Education," U.S. Department of Commerce, March 16, 2023, https://www.trade.gov/country-commercial-guides/kenya-education, accessed February 19, 2024.

② Jo Adetunji, "Kenya's Budget Doesn't Allocate Funds for New Education Initiatives-This Will Stall Innovation in the Country," The Conversation, June 13, 2023, https://theconversation.com/kenyas-budget-doesnt-allocate-funds-for-new-education-initiatives-this-will-stall-innovation-in-the-country-207066, accessed February 24, 2024.

③ Natalie Cowling, "Youth Literacy Rate in Kenya from 2000 to 2022," Statista, February 2, 2024, https://www.statista.com/statistics/1233542/youth-literacy-rate-in-kenya/, accessed February 24, 2024.

二 8-4-4 教育体系

肯尼亚的国家教育体系以 8-4-4 模式为基础，即 8 年基础小学教育、4 年中学教育和 4 年本科教育。小学教育从 6 岁开始，8 年的基础教育完成后，学生可选择进入中学、技术或贸易学校。小学至中学的教育均免费，但只有不到 50% 的小学生选择继续接受中学教育。

肯尼亚共有 3 种中学类型：公立、私立和半公半私的哈兰比（Harambee）①学校。成绩最好的学生就读于国家公立学校，其次为郡级公立学校和区级公立学校。哈兰比学校没有得到政府全额财政支持，主要由当地社区运营。许多私立学校都具有宗教色彩，通常采用英国的课程体系。另外还有一些非正规教育中心，为无法获得正规教育的儿童提供基础教育，特别是贫困地区的儿童。在贫困地区，公立学校对提高教育水平、促进平等和保障基本人权发挥着重要作用。

三 高等教育规模不断扩大

2000 年以来，肯尼亚大学规模增长了 6 倍以上。公立大学的资金主要来自国家资助，一小部分学生能够获得政府提供的奖学金，其他有资格入学公立大学但未获得资助的学生需要自费，所需费用与私立大学的学费基本相同。

截至 2022 年，肯尼亚共有 68 所大学，其中 35 所为公立大学，33 所为私立大学。与 2015 年相比，公立高等教育机构的数量增长了 52%，而私立高等教育机构数量增长了 10%。较为著名的大学有内罗毕大学、肯雅塔大学、斯特拉斯莫尔大学、东非天主教大学等（见表 9-1）。此外，还有 5 所外国大学在肯尼亚开展教学、科研合作等工作。

---

① "Harambee" 一词在肯尼亚有很深刻的内涵。它原是肯尼亚的一个战斗口号，意为"齐心协力"。此类学校以此命名说明也有"共济、互助"的意思。

2022—2023 学年，肯尼亚约有 56.3 万名在校大学生。[①]

表 9-1　肯尼亚主要的高等学府

大学名称	简介
内罗毕大学（University of Nairobi）	内罗毕大学成立于 1970 年，是肯尼亚顶尖大学。它培养了肯尼亚的大部分人才，是东非最好的高等教育机构之一。它现有学生 10 万余名，拥有博士学位的教职人员 3000 余名，教授 500 余名，行政和技术人员 7000 余名，提供约 1000 门课程。它在整个城市拥有 6 所学院，7 个独立的校区。
肯雅塔大学（Kenyatta University）	肯雅塔大学是肯尼亚最大的大学之一，也是肯尼亚全国领先的公共研究机构。它于 1985 年成立，在全国拥有 15 个校区。肯雅塔大学拥有超过 80000 名学生和约 2500 名学术人员。
埃格顿大学（Egerton University）	埃格顿大学几十年来一直保持着肯尼亚首屈一指的农业公立大学地位，课程范围包括应用科学、自然资源、计算机科学、教育、工程、商业研究和医学等。
斯特拉斯莫尔大学（Strathmore University）	斯特拉斯莫尔大学是肯尼亚顶尖的私立大学之一。自 1961 年成立以来，该大学一直是多个学术领域综合教育的领先提供者。由于其严谨的会计系，它是肯尼亚顶尖的商学院之一。2007 年以来，肯尼亚注册会计师大赛的决赛入围者中近 60% 来自斯特拉斯莫尔大学。

依托这些优秀的高等教育机构，肯尼亚政府计划将这里打造成一个教育中心和留学目的地。未来，会有很多来自全球各地的学生在肯尼亚学习和交流。

正因为有比较良好的高等教育质量，肯尼亚培养了很多高素质人才。但也有一些毕业后无法找到合适工作的高学历者以"论文代写"为生，面向全球提供各学科、各档次的毕业论文代写服务。这些"枪手"不仅要具备扎实的专业知识和论文写作方法，还必须熟练掌握数据处理、文本处理、信息整合等计算机技能。

[①] Natalie Cowling, "Number of Public and Private Universities in Kenya 2015-2022," Statista, September 22, 2023, https://www.statista.com/statistics/1237787/number-of-public-and-private-universities-in-kenya/, accessed February 24, 2024.

四 诞生非洲最大教育集团

作为曾经的英属殖民地，肯尼亚拥有许多国际学校。而且，随着高速互联网时代的到来，肯尼亚还吸引了一批来自全球各地的企业家、创业者，这既为教育技术创新提供了沃土，也有了建设新学校的物质基础，于是就诞生了非洲地区最大的教育集团——桥梁国际学校。2009 年，桥梁国际学校在内罗毕推出了他们的第一所学校。仅仅2015 年，这家公司就筹集到了 1 亿美元资金。比尔·盖茨、马克·扎克伯格和易贝创始人皮埃尔·奥米迪亚都投了钱。

虽然桥梁学校是一所国际学校，但它的学费并不高，它的办学宗旨就是为那些来自人均日收入低于 2 美元家庭的孩子提供优质教育，目前已经惠及 75 万名学生。当前，这个品牌旗下共有 211 所学校，有 5.7 万名在校生。[①] 在肯尼亚的公立学校，教师的出勤率都成问题，但这些在桥梁国际学校都不是问题。它像星巴克一样急速扩张，已经发展成为世界上最大的营利性基础教育集团之一，并在印度、尼日利亚、乌干达等国家都开办了教育机构。

五 贫民窟里的在线教育

在英美等发达国家，在线教育更像是完备教育体系中的"加餐"，只是在已有的良好基础上，附赠一份指向未来的"通关秘籍"。而在遥远的"第三世界"肯尼亚，教育的目标不是领跑，而是尽全力奔跑。不过，在这个贫民窟经常缺水断电、基本生存都难以保障的国家，赤贫家庭出身的孩子们的科技教育却依然焕发着生机。

这里校舍或许拥挤，桌椅或许简陋，甚至都没有连通互联网，但即便如此，在线教育依然以最朴素的方式在这里落地生根。有一个故

① IFC Project Information & Portal, "Bridge International Academies," International Finance Corporation, March 9, 2022, https://disclosures.ifc.org/project-detail/SII/32171/bridge-international-academies, accessed February 23, 2024.

事值得与大家分享。肯尼亚有一个名叫塔比齐的教师获得了"全球教师奖"。他得奖的原因是将信息通信技术融入贫民窟的课堂教学，即"用最原始的方式让最贫困的孩子在最简陋的教室里接触最前沿的科技"。简单来说，他会先到网络条件比较好的地区，在网吧上网下载在线科学教学内容，存储后再长途返回，向学生离线展示在线教学内容。正是本着对教育的热爱和对学生的责任心，塔比齐依靠这种笨拙的方式将这类课程的占比提高到 80%。向塔比齐的这份不遗余力带领孩子跟上时代脚步的执着致敬。

第二节　体育之邦，不只是"长跑王国"

田径圈有句话叫"短跑牙买加，长跑肯尼亚"，充分说明肯尼亚长跑在全球体育界的地位，也体现了大家对肯尼亚体育的最初和最深印象。事实上，肯尼亚人不仅有长跑运动，他们也一直专注于发展更多体育项目，如高尔夫、橄榄球、游泳，同时多元化发展冰球等更具创新性的体育旅游活动。随着这里举办的赛事数量不断增加，体育旅游也成为肯尼亚旅游业增长最快的细分行业。

一　体育是肯尼亚的文化元素

体育是肯尼亚文化的重要元素。自古以来，这里的原住民就盛行一些传统游戏和运动，比如摔跤、赛跑、棍术、狩猎（使用矛和箭）、棋盘游戏、斗牛和舞蹈。大多数现代体育运动则始于英国的殖民统治时期。

在肯尼亚，最早被专业化组织的运动项目是足球和田径。早在1922 年，在正规学校建立之前，英国殖民定居者和亚洲承包商就以俱乐部的形式组织了职业队。1925 年，体育运动被正式引入学校；1935年，学校制定了开设体育运动相关课程（课外活动）的教学大纲。

如今，许多运动在肯尼亚都很流行，既有专业的，也有具有广泛群众基础的休闲体育活动。和全球很多地方一样，足球是这里最受欢迎的运动。

除了长跑，肯尼亚在排球、板球、七人制橄榄球等项目上也具有一定的竞争力。例如，肯尼亚女排在非洲一枝独秀，屡屡赢得非洲大陆的锦标赛冠军。20 世纪 90 年代以来，肯尼亚女排一直称霸非洲大陆，10 次夺得非洲女排冠军，也是参加 2024 巴黎奥运会女排比赛的唯一一支非洲队伍。在英联邦国家中比较流行的板球也是肯尼亚的传统优势项目。

二 长跑肯尼亚

当然，在全球范围内，肯尼亚主要以其在长跑比赛中的统治地位而闻名，也在奥运会上获得了令人瞩目的成绩。长跑项目在肯尼亚的地位，就跟乒乓球在中国体育圈的地位差不多。20 世纪 80 年代后期以来，肯尼亚与邻国埃塞俄比亚一起在中长跑项目上长期占据统治地位，有 70%—80% 的长跑世界冠军来自这里。有很多肯尼亚人也因长跑享誉世界，例如大卫·鲁迪沙，他是 800 米世界纪录保持者，也是最具统治力的世界冠军之一。还有基普乔格·凯诺、泰格拉·拉鲁普、凯瑟琳·恩德雷巴和保罗·特加特等世界纪录保持者。

前文提过，地处肯尼亚西部的高原城市埃尔多雷特因长跑而出名，当地的卡伦金族是"天生跑者"。具体来说，埃尔多雷特有个叫伊藤（Iten）的小镇，号称"长跑圣地"，虽然只有几千人口，却出过 20 位世界冠军和 3 位奥运冠军。自 20 世纪 60 年代在世界舞台崭露头角以来，伊藤已成为肯尼亚的长跑中心，也是全球长跑爱好者心中的"长跑圣地"。如今，每年都有很多来自世界各地的长跑运动员到伊藤训练，以提高跑步水平。

三　丰富多彩的休闲体育活动

除了上文提到的专业体育以外，肯尼亚也有很多休闲体育活动。很多休闲体育活动都和当地特有的野生动物资源和特色产业联系起来，比如勒瓦（Lewa）狩猎马拉松、犀牛冲锋（越野赛车）、狩猎拉力赛（汽车拉力赛）、游钓等。体育比赛的组织举办，除了有助于扩大肯尼亚的影响力以外，也有很多公益慈善和社交的内涵，比赛过程比较轻松愉快。比如，勒瓦狩猎马拉松的作用是筹集资金，用于资助图斯克在肯尼亚各地开展的野生动物保护、社区发展、教育和医疗保健计划；犀牛冲锋活动也是致力于保护肯尼亚的山脉生态系统，即人们所说的"水塔"，并通过组织比赛来筹集善款。

此外，肯尼亚的高尔夫运动也很不错，这里有非洲最好的高尔夫球场。在这里打高尔夫，不仅是打球，还可以深入自然、观赏风景、陶冶心情。肯尼亚大约有 40 个高尔夫球场。这项运动的兴起要归功于澳大利亚人彼得·汤姆森，他于 1967 年创办了肯尼亚公开高尔夫锦标赛。这项赛事今天仍然在卡伦乡村俱乐部（Karen Country Club）和穆海咖高尔夫俱乐部（Muthaiga Golf Club）举行。

四　体育旅游是个新趋势

体育旅游是全球旅游业中一个快速增长的市场，每年有约 6000 亿美元的市场价值。[1]肯尼亚将体育旅游视为旅游业发展的新动力，并重点开发这一吸引体育爱好者的前沿领域。

事实上，伴随着一些在肯尼亚当地举办的体育赛事影响力的扩大，肯尼亚体育旅游已经走在路上，正慢慢地以一些美丽、具有挑战性和特色的体育冒险而闻名。例如，在北部举办的马拉拉国际骆驼德

---

[1] Kieron Monks, "Kenya Races to Capture Its Share of Sports Tourism," CNN, April 2, 2017, https://edition.cnn.com/travel/article/kenya-sports-tourism-mpa/index.html, accessed February 19, 2024.

比每年都吸引数千名游客，还有上文提到的被誉为最艰难马拉松之一的勒瓦狩猎马拉松和"长跑圣地"伊藤小镇，一直都聚集着许多来自世界各地的跑步爱好者。还有很多高尔夫球手来到肯尼亚参加比赛时也会顺便旅游。这不正是目前体育与旅游业相结合的趋势——体育旅游吗？

当然，肯尼亚体育旅游项目不仅有长跑和高尔夫，还有足球、橄榄球、板球、马球、水上运动和赛马。他们正是利用在这些项目上的优势和实力来吸引游客，并引导游客前往海滩度假胜地、大裂谷感受美景。尤其对肯尼亚相对贫瘠的北部地区而言，体育旅游也许是发展的新思路。

第三节　风雨砥砺健康路，希望在前方

肯尼亚的整体健康水平还比较低。一方面，传染病仍是肯尼亚死亡率居高不下的主要原因。因传染病而死亡的人数占总体死亡人数的50%以上，非传染性疾病约占39%。[①]另一方面，肯尼亚还面临着卫生服务人员不足、医保覆盖低、低收入人群就医难等挑战，提升全民健康水平是肯尼亚面临的重要问题。

一　医疗系统公私并立

肯尼亚的医疗保健体系由公立、私立、宗教和非政府组织等多个系统组成。全国有约9700个各式各样的医疗机构，其中由卫生部运营管理的公立部门占47.6%，私立机构占38.1%，其余14.3%由宗教

---

① Sunny C. Okoroafor, Brendan Kwesiga, Julius Ogato etc., "Investing in the Health Workforce in Kenya: Trends in Size, Composition and Distribution from a Descriptive Health Labour Market Analysis," BMJ Glob Health, National Library of Medicine, August 25, 2022, https://www.ncbi.nlm.nih.gov/pmc/articles/PMC9422806/, accessed February 24, 2024.

组织和非政府组织运营。[①]公立医院的某些服务（例如产妇护理）是免费的，国民健康保险覆盖范围内的服务是免费的，而其他医疗机构提供的医疗保健通常需要付费。

2010 年，肯尼亚开始筹备郡级医院。同时，肯尼亚将全国的医院分为 6 个级别。这里所谓的级别，不是指医院的质量，而是按照所服务人群范围的不同划分的 6 个不同等级。从第 1 级到第 6 级，分别是社区医院、药房、保健中心、子郡医院、郡级医院和国家级医院。[②]截至 2023 年底，肯尼亚的 47 个郡，每个郡都有一家郡级医院，可提供住院、手术和专家门诊等服务。国家级医院对这些郡级医院有监督权。私立医院则主要集中在内罗毕、蒙巴萨等相对发达的大城市。

二　医保覆盖率较低

肯尼亚是自 20 世纪 60 年代起就拥有国家医疗保险计划的少数非洲国家之一，但它的保险覆盖率仍然很低。截至 2022 年，全国医保基金覆盖人数约850万人，[③]且覆盖对象主要是富人。城市地区的医疗保险覆盖率是农村地区的 2 倍，估计城市地区有 40% 的家庭人口拥有某种形式的医疗保险，而农村地区这一比例仅为 19%。[④]对于低收入人群而言，这个情况更糟糕。在最贫穷的 1/5 人口中，只有 2.9% 的

① "Find All the Health Facilities in Kenya," Kenya Master Health Facility List, http://kmhfl.health.go.ke/#/home，accessed February 20, 2024.

② 肯尼亚有 5 家国家级医院，分别为肯雅塔国立医院（Kenyatta National Hospital）、肯雅塔大学教学和转诊医院（Kenyatta University Teaching and Referral Hospital）、马塔雷国家教学和转诊医院（Mathare National Teaching and Referral Hospital）、莫伊教学和转诊医院（Moi Teaching and Referral Hospital）、国家脊柱损伤和转诊医院（The National Spinal Injury and Referral Hospital）。

③ 商务部国际贸易经济合作研究院、中国驻肯尼亚大使馆经济商务处、商务部对外投资和经济合作司：《对外投资合作国别（地区）指南：肯尼亚》（2022 年版），2022 年 12 月，第 9 页。

④ "Low Incomes Keep 39m Kenyans Out of Affordable Health Insurance Bracket," The East African, July 8, 2023, https://www.theeastafrican.co.ke/tea/science-health/low-incomes-keep-39m-kenyans-out-of-affordable-health–4297260, accessed February 20, 2024.

人有医疗保险。

为了缓解公立医院的拥挤问题，肯尼亚政府大力推行国家医疗保险基金（NHIF），并优先将弱势群体（老年人、失业者和在非正规部门工作的人）登记到 NHIF。但由于距离等多种原因，穷人很少使用这个基金，他们更偏向于当地的诊所和药房，但这些诊所和药房无法提供足够的医疗服务。

2023 年，鲁托总统批准了一项有争议的立法，即为了促进全民医疗保健，要求所有工人将工资的 2.75% 捐献给新的医疗基金。这将给卫生部门带来 20 多年来最大规模的变革。政府认为这将使较贫穷的肯尼亚人更负担得起和更容易获得医疗保健。[①] 但是，这个政策被很多肯尼亚人视为一种新的税收，不是那么受欢迎。至于它的效果如何，现在还不得而知。

三 居然是医疗旅游目的地

肯尼亚虽然整体医疗水平不算高，但也有成为医疗旅游目的地的潜质。虽然比不上发达国家，但在非洲，肯尼亚医疗还是拿得出手的，其医疗事业在东非发展也最为迅速，是该地区医疗旅游行业的领头羊。肯尼亚也是非洲唯一制定了全面电子卫生保健战略的国家，其电子医疗系统建设在非洲国家中遥遥领先。《2022 年医疗旅游：非洲的潜力》报告指出，非洲有 11 个国家具有成为医疗旅游目的地的潜力，其中就包括肯尼亚。

肯尼亚拥有一些获得国际认可的医院，如肯雅塔国立医院、肯雅塔大学教学和转诊医院、阿迦汗医院、内罗毕医院等，还有一系列专业化程度很高、配备了先进设备的医疗技术中心和私立医院。随着东

---

① Gloria Aradi, "Kenya Healthcare: President William Ruto Signs Controversial UHC Bills," BBC, October 19, 2023, https://www.bbc.com/news/world-africa-67154659, accessed February 20, 2024.

非肾脏研究所的运营进入最后阶段，这里还将成为东非地区肾脏问题治疗和管理培训中心。目前，周边国家的富人和政府高级官员经常来肯尼亚的私立医院进行治疗，享受其现代化的设备和护理服务。

四 全民健康水平任重道远

总体来看，肯尼亚仍然存在明显的医疗资源短缺问题，国家对于医疗卫生事业的投入并不高。肯尼亚政府在卫生保健方面的总支出在GDP中的占比一直很低，近20年来最高的2010年也不过5.39%，最近的2020年才4.29%，[①]没有达到在《阿布贾宣言》中所承诺的支出。

肯尼亚还存在医疗人员严重不足的问题。截至2021年，肯尼亚全国有13376名在册医护人员，平均每10万人中有27.1名医疗人员。[②]虽然这一数字比往年有所增加，但还是远远不够。在肯尼亚，癌症等疾病呈现高死亡率，主要是因为相关诊疗设备短缺，医护人员缺乏，以至于病人等待时间过长，延误了治疗时机，因此一些有经济实力的患者也会选择出国治疗。

为了提高肯尼亚人民的健康水平，政府计划建立高质量的医疗保健体系，全面降低艾滋病、疟疾和结核病的发病率，并降低婴儿和产妇的死亡率，还要确保所有人都能获得干净的水和完善的卫生设施。这也是"肯尼亚2030愿景"的重要内容。

---

① World Health Organization Global Health Expenditure Database, "Current Health Expenditure (% of GDP)–Kenya," World Bank Group, April 7, 2023, https://data.worldbank.org/indicator/ SH.XPD.CHEX.GD.ZS?locations=KE, accessed February 21, 2024.

② Natalie Cowling, "Number of Registered Medical Officers in Kenya from 2016 to 2021," Statista, September 22, 2023, https://www.statista.com/statistics/1240311/ratio-of-medical-doctors-to-100-000-population-in-kenya/, accessed February 23, 2024.

第十章　多元社会的多彩生活

当久居都市的人们置身于肯尼亚，瞬间便会被那里原始、壮阔的自然景观所震撼。这种震撼不仅源于视觉的冲击，更是对当地人与自然共生共存的智慧与能力的由衷赞叹。肯尼亚的原住民，大部分是生活在山间地头的部落民族。他们都充满活力和适应力，与自然和谐共处是这些部落的生存之道，其文化和生活方式与自然环境密切相关。

第一节　与自然共生的生活智慧

肯尼亚国父乔莫·肯雅塔在《面向肯尼亚山》中描述了基库尤人的社会观念。他说："基库尤人不把自己当作一个社会单位，因而认为其部落不是集体组织下的个人群体，而是一个扩大的家庭，通过成长和分裂的自然过程而形成。"看得出来，这个肯尼亚人口最多的部族将自己视为一个大家庭，这里的社会关系可以被看作一种家庭关系的延伸。这种家庭式社会关系不是肯尼亚部落独有的特点，许多与自然共生共存的民族都会形成这种联系紧密的关系网络。因为要想在条件时好时坏的荒漠、荒原、森林中繁衍生息，人们必须学会与自然打交道，形成一套稳固的社会性防御机制。

一　曾有猎狮传统

因为与野生动物为邻，尤其是经常要与狮子"打交道"，所以马赛族被认为是肯尼亚最强悍的部族。为了防止狮子袭击，马赛人聚居的村子四周都有带刺的栅栏保护。小屋则就地取材，用树枝、茅草和晒干的牲畜粪便搭建而成，人们需要弯腰才能进入，据说这也是为了防卫。

为了保护牛群、赶走狮子等野生动物，马赛男人们通常会披上红色的披风，手持木棍，用自己最勇敢坚韧的一面吓退狮子。在马赛人的习俗中，一名马赛男子的成人礼需要以猎杀一头雄狮为标志。当然，随着自然生态和社会环境的变化，现在的马赛人不再提倡猎杀狮子了，但猎狮的过程却以舞蹈形式被完整保留下来。

现在，马赛男子的成人礼也不再是杀死一头狮子，而是尽可能地多养牛。另外，马赛人还同"与狮子共存"和"马赛保护基金会"等组织合作，保护他们的牲畜，同时也保护狮子。他们还利用现代科技来研究狮子。他们给几头狮子戴上无线电项圈，项圈将信号发送给卫星。有了项圈，他们可以用互联网跟踪狮子，用手机警告放牧人附近有狮子，这样，放牧人就可以及时避免遭遇狮子袭击。如果狮子真的袭击了牧场上的牲畜，"马赛保护基金会"中的"猛兽赔偿基金"就会赔偿主人的损失，所以马赛人也愿意与狮子比邻而居了。

二　也有灵魂观

和世界很多民族一样，肯尼亚也有万物有灵的传统观念。当地传统的原始部族信仰万神论，他们认为万物都是神的化身，神即是万物。神通过太阳、月亮、星星、闪电、雷鸣、大树等各种自然物显现其灵魂。除了自然万物以外，人也是有灵魂的，而且人死后灵魂不灭。比如，基库尤人相信万物有灵，他们认为，人死以后，魂魄会变得可怕，年纪越大的死者，越值得敬畏。在他们死后，基库尤人会为他们举办很隆重的仪式，来安抚他们的灵魂。

今天，肯尼亚的很多人仍旧笃信拍照会带走灵魂的说法，所以在当地为他人拍照之前一定要征得对方同意。

三　以森林为家

肯尼亚海边有一片绵延 125 公里、被保护得特别好的森林，被称作"卡雅圣林"。2008 年这片森林还被联合国教科文组织列为世界文化遗产。这里曾是米吉肯达（Mijikenda）部落先民的家。

很早的时候，米吉肯达部落的祖先逃离索马里来到肯尼亚海边地区，为了不被外人找到踪迹，他们躲进了古老而茂密的森林，并把这片森林叫作"Kaya"（卡雅，"家"的意思）。他们依赖自然、依赖森林来生存。这个部落的生活中处处是自然元素。妇女在森林里采集杧果、椰子、坚果，还会开垦一小块土地种植玉米和大豆作为主食。因为敬畏自然，当地人对自然的原始崇拜也融合在部落的文化传统里。部落长者们制定了严格的法则，禁止任何可能对森林造成破坏的行为，比如砍树、放牧等。死去的人被埋葬在森林深处的参天古树下。若要进入森林祈福和祭祀，必须遵循既有的路线，避免破坏植被或者误入先辈的墓地。如果村庄里出现了天灾人祸，人们就会认为这是冒犯了神灵的后果。违反规则的人必须祭祀一头牲畜，祈求森林里神灵的原谅。

米吉肯达部落祖先的自然崇拜，也极大程度地保护了物种的多样性。有好几个物种只在这片圣林被发现过。

为了表示对传统习俗的尊重，前往圣林参观的人必须脱掉鞋子，还需要穿上一条黑布裙。赤脚踏在森林小径上，脚掌心踩在凉凉的泥土和经脉分明的枯叶上，仿佛能感受到大地坚实而温柔的力量。

随着部落人数越来越多，米吉肯达人搬出生活了几百年的森林，在森林周围建起了更加现代化的居所，也开始放牧和更大面积耕种。但是，部落的长者还在老房子里生活并沿袭世代流传下来的传统，继续在森林里祈福、祭祀和采药，守护着被称为"家"的森林。

四　众筹互助是传统

肯尼亚社会以农牧业为主，特别是在干旱的北部和东部平原地区，有大量人口从事放牧活动。他们根据附近土地的植被情况来选择养殖的牲畜种类，或牛羊或骆驼。牧民们往往追随雨水和牧草赶着牲畜迁徙。这种游牧生活使得这些牧民远离城市，也难以获得政府提供的社会资源和医疗保健等服务。此外，依靠单个家庭的力量也难以在颠沛流离的生活中克服重重困难。所以，每一个家庭除了储备好足够的食物以应对干旱、饥荒、疾病以及各种突发情况外，还总要准备一些可以赠送给其他牧民家庭和社区的牲畜，以拉近跟朋友、邻居们的关系。久而久之，在肯尼亚的牧区就形成了一种特殊的邻里互助关系。

这种互助关系在牧民家庭和村落间形成了强韧的纽带，保证了每一个人每一个家庭在需要帮助的时候都能够得到邻居朋友的救助。例如，一个牧民的牲畜在干旱季节大批死亡或者感染了疾病而收获全无，他的邻居们就会你出一头牛我出一只羊，帮助这个牧民家庭重燃生活的希望。这种互助的关系网不仅跨越家庭和村庄，还会超越部落和种族的边界，使每一个身处其中的人都能获得安全感。有趣的是，有时牧民们还会用婚姻关系来加强这种互助纽带。新郎和他的直系亲属家庭会筹集相当数量的牲畜，由新郎亲自送到新娘家，甚至这些牲畜都会被称为"新娘"。

这种众筹形式的民间互助机制在肯尼亚的传统社会中影响颇为深远，以至于在 20 世纪 60 年代末，肯尼亚掀起了全国性的哈兰比运动，就是把传统的互助精神发扬光大。在时任总统乔莫·肯雅塔的领导下，以"自助"为口号的哈兰比运动成为肯尼亚全国一股主要的社会和政治力量，推动国家的自力更生和社会发展。

第二节　传统与变革中的女性力量

肯尼亚的传统社会赋予男性远高于女性的地位。男人管钱管事，女人则听之任之。虽然女性所承担的繁重劳务比男性更多，女性也对社会作出了重大贡献，但她们的收入仍相对低于男性。早婚、早孕、割礼、暴力、性别歧视等不利于女性健康成长的问题在肯尼亚仍是常见现象。很多肯尼亚女性长期生活在这样的环境中，没有了说"不"的勇气，变成了沉默的大多数。目前，肯尼亚全国女多男少，要真正实现男女平等还有很长的路要走。

一　长老手中的木棍

在传统的肯尼亚社群中，女性承担起了绝大部分家务乃至农业生产劳动，男性则把更多的时间和精力花在参与社区事务上。按肯尼亚的传统，一个社区内部事务的决策必须建立在共识的基础上。这个取得共识的重任就交给了社区长老会。如果一个村子面临某个重要问题需要讨论或者需要采取什么行动，那么这个村里的长老们就会围坐在大树下进行讨论。女人们没有权利参与这样的讨论。不过在一些村落，当男人们围坐在一起商讨大事的时候，女人们可以坐在外面听，偶尔才能发表一下意见。

长老通常是村里最德高望重的人，或者是村里比较富裕的人，而且必须帮助过他人才能被众人推举为长老。大家都想畅所欲言时，就需要有众人都遵守的秩序。于是长老们创造出了一种非常接地气的会场秩序：用一根木棍代表发言权。这根木棍在长老们手中依次传递，手握木棍的人才能发言。长老中总是会有一位众望所归的人，他会等其他人都表达完意见后，再作总结发言。这位为首的长老会综合大家的意见形成结论，并推动整个长老会达成共识。共识一旦达成，在这个村里就具有了法律一般的地位，对所有人都具有约束力。

现代的肯尼亚社会总体上是依托法律和司法制度来维持社会秩序的。但是在许多农村和偏远地区，这种传统的长老会仍然是最有效的治理方式，从而也被认为是国家法律体系的一部分。

二 女性承担繁重劳务

在肯尼亚这个男权社会，财产主要由男性控制，女性一直遭受性别不平等待遇。大多数妇女没有正式工作，只能依靠丈夫的收入维持一家人的生计。在农村地区，男人经常离开家到城市打工，妇女则留在家中照顾家庭。虽然女性看似不赚钱养家，但是肯尼亚女性通常比男性工作得更多。她们不仅要管理家务和照顾孩子，而且要下地干活，在市场上卖点农产品补贴家用。在一些发展旅游业的村落，很多女人通过制作手工艺品、销售旅游纪念品来赚钱，几乎要做到家庭事业一肩挑。在城市地区，妇女占劳动力的近40%。尽管女性对社会作出了重大贡献，但她们从事的工作报酬较低，总体收入仍相对低于男性。

更为重要的是，在这里，男性财产继承权永远优于女性。只有极少数肯尼亚女性拥有土地。土地及财产权方面的限制也直接导致了肯尼亚仅有一小部分女性有资格获得信贷服务，能够以自己的名义贷款。

妇女们的劳动付出没有相应的收入兑现，妇女们也没有机会去改变自己的经济状况。没有收入来源的女性在家中的地位比较低，家庭暴力事件屡见不鲜。

三 还有一夫多妻制

一夫多妻制在今天的肯尼亚仍然存在。虽然这种现象在城市已经越来越少了，但在农村地区还存在，娶多名妻子是男性财富与地位的象征。在一夫多妻制的家庭中，妻子们通常被分配到单独的小屋，她们和孩子住在一起，而男人则另有自己的小屋。

在肯尼亚的传统部落，尤其是一些依然保持过去生活习惯的游牧部族，比如马赛人和桑布鲁人，一夫多妻依然是主流。成年男子以自己手中的牲口（牛羊）作为财富指标给自己相中的女孩下聘礼，经女方同意即可成婚。一个男子拥有的牲口越多，他就可以娶越多的妻子。

肯尼亚女性是否接受一夫多妻制与受教育程度及其所居住地区相关。受教育程度较高，以及居住在城市或经济较发达地区的女性，往往倾向于一夫一妻制。

四 "女人村"乌莫加

肯尼亚有一个名气还算大的村子，名为"乌莫加"。"乌莫加"在斯瓦希里语里是"团结"的意思。这是一个"女人村"，村子里只允许居住女人和孩子。原来，这个村子建于1990年，其建立就是本着"女人团结互助"的初衷，为那些遭受欺凌的女性提供住所，收留那些逃离童婚、割礼、家暴和强奸的妇女，也因此只允许女性居住。乌莫加的英文是Umoja，是不是能让人联想到乌托邦（Utopia）？所以，这里也被叫作"女性避难乌托邦"。

这个女人村所在的桑布鲁文化区，位于肯尼亚中北部的半荒漠地带。桑布鲁人属于传统游牧民族，男权盛行，认可一夫多妻制，而且实权掌握在老年人手中，女人地位比较低。很多妇女逃离原本生活的社区来到乌莫加，就是为了获得自由。桑布鲁文化禁止妇女做的事情，她们在乌莫加都可以做，女人不由男人统治，很自由，也可以自己赚钱。所以，尽管生活艰苦，但这些妇女积极进取，努力赚取收入，供养整个村子。

如今，这里已经是一个名气不小的旅游目的地，很多游客会慕名前来。乌莫加村的女人们就自己制作一些珠子、手串、项链、传统服饰之类的旅游纪念品来营生。村子里的人还专门在旁边开设了一个营地，方便游客在这里住宿。许多到附近观光的游客，也会顺道探访乌莫加。

第三节　街头的鲜艳花纹彩裙

一般来说，服饰风格随地域特点和自然环境而变化。不过在肯尼亚，服饰有一些全国通行的共性。最大的共性就是文化融合。肯尼亚人的日常穿着既有传统部落的特色元素，也有阿拉伯、英国、印度等地的服饰特点。

一　一条"坎加"走天下

说到肯尼亚的服饰就不得不提在肯尼亚乃至东非地区最流行的传统服饰——坎加（khanga）。这种服饰被认为起源于肯尼亚的印度洋沿岸地区。这里历史上就与来自世界各地尤其是印度的商人接触比较多，服饰风格特别富于色彩和花纹。

坎加其实是一块 1.5 米长、1 米宽的长方形花布，中间有丰富的图案，例如花格、条纹或树木花草，以及东非常见的动物图案。这些花纹的四周留有宽边。坎加穿着方法很多，最基本的穿着方式是裹在颈部，长及膝盖；也可以裹在胸部，长及脚面。当地人喜欢一次穿两件坎加，一件裹在身上，一件包在头上。坎加不仅可以作为服饰穿在身上，随性的肯尼亚人还把坎加运用到生活中的任何地方，可以当床单或围裙，可以当浴巾或书包，甚至还可以当孩子的尿布。

此外，坎加还有表达心意、传递情感的作用。每一块坎加上都会有斯瓦希里语写的话，或格言警句，或爱的誓言，或政治口号，用来表达穿者的心意，完美展示了"把心思写在衣袖上"的率真。

二 穿衣打扮尽显文化融合

除了简单直白的坎加，肯尼亚人还会在穿着中玩出更多花样。肯尼亚的穆斯林女性出门的时候会在鲜艳的衣裙外面罩上一件黑色的袍子，戴上黑色的面纱。这种袍子被称为 bui-bui。它是比较保守的穆斯林妇女用来避免外人关注的主要方式。

另一种颇受当地人欢迎的服饰是基滕格布（kitenge）。这种色彩明亮的布料在肯尼亚西部地区尤其流行。具体的穿法是把布料从中间对折，然后在中部剪一个 V 形的孔，在两侧从腰部到底边缝合一下，就成了一件宽松时尚的套头连衣裙。当地人一般还会在布料中间印上钻石图样，V 形领口和袖边还会绣上花纹。

三 小配饰，大用途

肯尼亚还有一些部族，如桑布鲁人和马赛人，他们的穿着就地取材，采用经过打磨和鞣制的羊皮、牛皮制作衣服和鞋子。通常，男性会把皮革做成斗篷披在肩上或系在腰上。女性会穿皮革做成的三片式或两片式衣服用以遮挡身体。身体裸露的部分，特别是头和肩部会用红赭石或其他矿物做成的颜料画出纹样。

一些游牧部落的人还喜欢在皮革斗篷和裙子上缝上小珠子、小贝壳以及金属片做装饰，跳舞的时候还能发出哗啦哗啦的清脆响声。坎巴人则喜欢在脖子上戴大串的蓝白相间的珠子，在腰上和脚踝上戴白色的小珠串。基库尤人喜欢金属配饰。他们喜欢在胳膊、腿和脚踝处用铜线缠绕数圈。图尔卡纳女人则佩戴不同金属制成的颈环来表示她的丈夫属于哪个部落：黄铜颈环表示丈夫属猎豹部落，银色颈环则表示属于石头部落。

第四节　城市的"乌加里"和牧区的肉

　　肯尼亚自然物产丰富，大裂谷中肥沃的火山土壤出产众多的新鲜蔬菜，而沿海地区则有丰富的热带水果以及刚刚打捞上来的海鲜。由于是多种文化的融会之地，肯尼亚烹饪风格多元，西式餐点相当普遍且正宗，印度菜分布广泛，素食者也能找到美食。融合中东、非洲和沿海风味的斯瓦希里美食尽显地方特色。

一　生饮牛血很豪放

　　马赛人相信万物有灵，认为牛羊是神的赐予，牛羊不仅仅是财富的标志，更是权力和地位的象征。所以，马赛人多以游牧为生。

　　马赛人虽然日常不怎么食用牛肉，但是他们有饮用新鲜牛血的传统习俗，也喝牛奶。通常，他们用弓箭刺破牛的脖子，用容器接住牛血，也有的会用刀割开牛脖子上的血管，插上吸管就直接饮用。其他人可能接受不了生饮牛血，但是马赛人认为喝新鲜的牛血能让他们的身体变得更加强壮。因此，在部落里，不论男女老少，都非常喜欢喝新鲜的牛血。他们还会把牛血和牛奶混合在一起当饮料喝。

　　在马赛部落里，每个家庭都饲养几十头牛，每周就会放一次血供家里人饮用。如果你到马赛部落，他们请你喝生牛血，不要紧张，说明他们很喜欢你，因为这是他们待客的最高礼遇。

二　随处可见"乌加里"

　　如果非要选出肯尼亚的国菜，乌加里（ugali）当之无愧。2017年乌加里入选联合国教科文组织人类非物质文化遗产名录，是这个名录中为数不多的非洲传统食物。

　　乌加里其实是在非洲许多地方都广泛食用的一种美食。16—17世纪葡萄牙人将玉米引进到非洲后，乌加里随即被发明出来。

把玉米或玉米粉加水或牛奶煮透，然后慢慢收汁形成一个结实的面团，装盘再配上煮熟的肉或蔬菜，一道极具非洲特色的乌加里就做好了。标准的乌加里食用法，是用右手从大块的玉米面团上掐一块下来滚成球状，沾满盘子里的炖肉酱汁或蔬菜汁，再用拇指把乌加里小球捏扁，然后裹上一块肉或蔬菜送到嘴里。

肯尼亚人还喜欢以炖煮的玉米和大豆作为主食。在城市的大街小巷，随处可见出售价廉物美的百姓快餐的售货亭。通常，售货亭会支起一口大锅，烧上炭火，慢慢熬煮锅里的玉米和豆子。在悠扬的收音机音乐的伴奏下，这种来自肯尼亚山地的炖煮主食会被盛在质朴的搪瓷碗里，配上牛羊肉或鸡肉，再加上一大杯肯尼亚烟熏茶，一份百姓快餐就准备好了。

三 烤肉很美味

另一种著名的肯尼亚美食是斯瓦希里烤肉（nyama choma）。这种烤肉在肯尼亚和坦桑尼亚民众中广受喜爱，被誉为这两国的国菜。"nyama choma"一词在斯瓦希里语中是"烤肉"的意思。肯尼亚人一般喜食山羊肉，偶尔也用牛肉做烤肉。一道正宗的斯瓦希里烤肉在烤制之前，要先把羊肉用盐和胡椒腌制一下，还可以加一些洋葱、蒜和捣碎的姜，再混合一点辣椒和柠檬汁。腌制好的肉被放在露天烤架上进行烧烤，旁边还可以放上玉米棒或别的蔬菜一起烤制。丰富的调料赋予羊肉更多层次的味道，独特的腌制工艺也使羊肉口感更加鲜嫩。近年来，人们不仅用羊肉和牛肉制作斯瓦希里烤肉，也烤制鸡肉和鱼肉，创造出了一些新的美味烤肉。

肯尼亚牧民还发明了一种肉血肠（mutura）。他们把煮熟的碎肉拌上牛血或羊血，再加入小葱、红椒、姜和蒜等调料，然后把这些碎肉塞进洗干净的牛肠或羊肠中，烧烤后食用。这道重口味的美食通常作为开胃菜，或者跟啤酒搭配享用。

肯尼亚还有一些以肉食为主的知名餐厅，"食肉动物餐厅"（The Carnivore Restaurant）就是其中一个。喜欢吃肉的朋友一定能在这里大快朵颐。这家餐厅位于内罗毕郊区，主打菜式是各种野味烧烤，在非洲地区算是比较高档的餐厅。它的整体格局有点类似于中国的休闲山庄，远离市中心，环境安静又惬意，而且价格也不贵。这里的服务员大多会一点儿中文，所以还是挺值得一去的。

四　高地咖啡和奶茶

肯尼亚的咖啡消费历史可以追溯到 19 世纪，但当时肯尼亚的咖啡主要来自埃塞俄比亚。直到 20 世纪初，传教士们才把咖啡种带到肯尼亚种植。

上文提过，肯尼亚山区出产世界上最优质的咖啡之一，咖啡也是这个国家重要的出口农产品。这里的咖啡种植在海拔 1500—2100 米的山地，属小粒种的阿拉比卡咖啡。肯尼亚咖啡最突出的特点是其鲜明的水果香气，尤其是柑橘的香气，味道天下无双。肯尼亚咖啡还有多层次的口感和酸度，其中一种葡萄酒风味的咖啡豆，深受咖啡老饕们的追捧。

除了咖啡，肯尼亚奶茶也是值得一品的好东西。这里的奶茶深受印度奶茶的影响。烹制一杯肯尼亚奶茶，通常要把茶叶、牛奶和糖放进锅里一起煮沸。这与印度奶茶的煮制方式非常类似。甚至在斯瓦希里语中，奶茶的称呼也跟印地语一样，称为 "chai"。当地人还喜爱烹制花式奶茶——把茶叶和姜、豆蔻等香料放进牛奶里浸泡，煮出来的奶茶口味浓厚且丰富，人们称其为 "chai masala"。

五　东海岸咖喱飘香

肯尼亚的东南沿海地区自古以来就与横跨印度洋的商人们有广泛

接触，印度洋彼岸的许多烹饪元素都潜移默化地渗透进了肯尼亚的美食体系。斯瓦希里菜肴尤其反映了这个地区长期与东非、阿拉伯半岛和南亚沿海地区之间人文交往的历史。例如，在印度很常见的薄面饼（chapati）和油炸角（samosa）都能在肯尼亚美食中寻得踪迹。一个最显而易见的现象，就是当地咖喱菜十分流行。市场上随处可见各种调配咖喱的香料，有香菜、小茴香、姜黄和肉桂等。这些香料原产于西亚和南亚，通过早期的印度洋贸易到达非洲东海岸，并慢慢传到了内陆地区。

肯尼亚著名的"马萨拉咖喱"就是由印度移民引入的。这道菜由鸡肉、香料和各种蔬菜组成，口感浓郁，是肯尼亚印度餐厅的招牌菜之一。随着时间的推移，咖喱风味的菜肴在肯尼亚和东非越来越受欢迎。

第五节　充满异域风情的仪式和节庆

在非洲，成长仪式在人的一生中是必不可少的。一个肯尼亚人从出生、成年、结婚到死亡都要举行仪式。只有经历了各个年龄阶段所必要的仪式，他才能从孩童成长为战士，或者从战士成为长老；她也才能从女孩成为妻子和母亲。成长并不仅仅意味着年龄的增长，更是一个人社会角色的变化，这意味着必须担负起更多社会责任。

一　意为重生的成人礼

成人礼是肯尼亚人必须经历的重要仪式。成人礼通常被称为"跨越的仪式"，标志着从儿童向成年的过渡。一般来说，每一个仪式都由三个部分组成：仪式的开始是举行仪式的人象征性死亡，代表着与先前身份/角色的剥离；中间是一个过渡阶段，意为此时他/她非此非彼；第三部分是"重生"，意味着其以新的身份重新融入社区或部落。

一个村落或社区通常隔年举行一次成人礼，村里的适龄男孩都将在这一天成为成年人。在参加成人礼前，这些男孩要先离开他们的家庭和居住的村子，在村外一个临时搭建的营地接受相关的训练和为成年做准备。这些训练包括品德教育和生存训练，以及他们在成为男人和战士后如何承担起生活的责任和面对生存的挑战。这些男孩离开了他们的家和保护他们的父母，也放弃了他们作为儿童的"前世"的一切，包括玩具、童装和其他儿童用品。在这个营地里，他们都要穿相同的衣服，佩戴带有部族特征的配饰。例如，在马赛部族和桑布鲁部族，即将成年的男孩们要穿蓝色或黑色的布衣，或者把自己的皮肤染成蓝色或黑色，戴上有鸟标本的头饰，还要佩戴他们妈妈的耳环，脸上还要用彩色的矿物粉末画上花纹。

遵循先祖的精神和尊重长辈是这些男孩成年之前必须学习的内容。他们在营地里学习民间故事、谚语和民歌，通过故事和格言、歌曲了解许多实用的知识和人生哲理，从而构建起对自己部族和文化的认同。他们还要学习放牧和打猎，学习如何杀死偷袭牛群的狮子和其他野兽，以及如何应对部族间的争斗和厮杀。然后这些男孩就在全村人的见证下，进入成人仪式中最具争议的环节：割礼。

二　一言难尽的割礼

非洲的割礼分男子割礼和女子割礼两种。男子割礼是男孩成人礼的高潮部分。临近割礼的日子，男孩们在长老的带领下，在营地集中训练。他们手持木棒在田间和山地上奔跑，锻炼体能，磨炼意志。到了那一天，他们必须在没有麻醉和医疗手段的情况下接受割礼。缓解疼痛的唯一的手段是泡在河水里，用冷水麻痹自己的知觉。行割礼之后，经过简单的止血处理，男孩就可以在父亲的搀扶下回到自己的家休养恢复。待伤口痊愈，男孩就成长为战士，准备面对生活中的一切挑战。

男子割礼普遍被认为是非洲文化和非物质文化遗产的一项内容。男子割礼具有一定的宗教意义，在医学上，割去过长的包皮也有助于保持私处清洁。但是女子割礼则是被当代有识之士唾弃的文化糟粕，是对女性的限制和残害。虽然从文化和宗教意义上讲，女子行割礼意味着从女孩身份跨越到可以结婚生子的女人身份，但是割礼的具体操作却给许多女性留下终生的心理阴影和健康隐患。据肯尼亚的一个部落地区统计，大约有 30% 的女性在经历割礼后发生感染、粘连、破伤风等症状。经历过割礼的女性，在生育的时候还必须再做一次切割手术，这更是增加了她们的痛苦。

1979 年以来，在世界卫生组织和非洲妇女组织的努力下，东非和北非的许多国家都先后颁布法律禁止对女性施行割礼。肯尼亚也明令禁止这种非常不人道的做法。但是在一些偏远的部落，对女性施行割礼的现象还有发生。

三　留有英国影子的社交礼仪

我们都知道，肯尼亚曾经是英国的殖民地，现在也依然是英联邦成员国。所以，不难想象，肯尼亚社会中会留有很多英国的影子。薯条、基督教、高尔夫酒店、西装三件套、右舵左行的汽车、非音译的英文名……这些都容易让你忘记自己身处非洲。

在肯尼亚的很多正式场合中，无论是社交礼仪、着装还是宴请习俗，人们都习惯参照英国的做法。例如，英国风格的西裤、衬衫、女裙和围巾等服饰元素在肯尼亚的城市里随处可见。甚至在国家的政治场合，受西方文化的影响，政治家们也必须穿着西装。

在法律方面，肯尼亚采用起源于英国的普通法体系，保留了英国相对健全的法律体制。还有一个比较有意思的现象，那就是即便独立了，肯尼亚当地法官在出庭时也必须戴上英式假发。

四 两个独立纪念日

肯尼亚在 1963 年摆脱了英国的殖民统治，取得民族独立。但是这个独立成果并不是一蹴而就的。肯尼亚的独立过程经历了多个重要历史事件，所以肯尼亚的独立纪念日有两个，一个是自治日（Madaraka Day），一个是共和日（Jamhuri Day）。1963 年 6 月 1 日，肯尼亚从英国获得内部自治，成立了自治政府。这一天成为后来的自治日。6 个月后的 12 月 12 日，肯尼亚宣告独立。整整一年后的 1964 年 12 月 12 日，肯尼亚共和国成立，乔莫·肯雅塔成为肯尼亚共和国的第一任总统。12 月 12 日也就成为肯尼亚举国欢庆的共和日。

共和日的庆祝尤其隆重。节日当天上午要举行阅兵式，由总统检阅仪仗队。在这一天，总统还要向肯尼亚各界杰出人士颁发各种勋章和奖章，以表彰他们对国家作出的杰出贡献。这个奖项的评选和颁发流程是这样的：每年由肯尼亚政府各部门、地方、军队、警察、宗教和非政府组织等提交被表彰者候选名单，随后由国家荣誉和奖励委员会从中遴选杰出代表。总统在共和日的庆祝活动上向部分获奖者公开授予奖章，而其他的获奖者会在当天的国宴上接受授勋。

五 节庆文化精彩纷呈

拉穆古城，这座拥有千年历史的小镇，是肯尼亚著名的传统文化之都和节日之岛。为了继承和弘扬肯尼亚的本土文化和多元文化遗产，拉穆古城经常举办各种大规模的文化庆典活动：拉穆瑜伽节（Lamu Yoga Festival）每年都吸引世界各地的瑜伽爱好者前来学习瑜伽和分享心得；拉穆画家节（Lamu Painters Festival）汇聚了欧洲和非洲的艺术家，让现实主义和印象派风格的绘画点缀这个传统的非洲小岛。此外拉穆每年还要举行具有疯狂创意的"帽子大赛"，以及更加传统的各种伊斯兰教节庆活动。不过，在拉穆名目繁多的节庆活动中，影响最大、知名度最高的还是拉穆文化节。

每年 11 月的最后一周，一年一度的拉穆文化节（Lamu Cultural Festival）拉开大幕，赋予这个沿海小岛新的活力。拉穆文化节设立于 2001 年，是为了促进斯瓦希里文化遗产的传承和保护而创办的节庆活动。每年的拉穆文化节期间，拉穆古城大街小巷处处洋溢着节日的气氛和浓厚的文化气息。人们举办各种传统赛事，艺术家在广场上举行斯瓦希里语诗歌朗诵和戏剧表演，还能欣赏到传统音乐演出。人们在拉穆就能看到来自肯尼亚各个岛屿的传统舞蹈表演。每当节日期间，岛上还会举办很多民间活动，比如赛驴会、帆船比赛、海娜彩绘等，热闹非凡。

现在，拉穆文化节也吸引着来自世界各地的游客前去体验。大量游客的参与又为这个艺术节增添了别样气息。希望越来越多的中国人能去拉穆探索肯尼亚海洋文化，感受异域非洲的别样风情。

第十一章　原生态与现代的美妙融合

2018 年，美国电影《黑豹》上映，肯尼亚以及非洲文化以一种超现实的方式重新进入人们的视野。《黑豹》改编自漫威的漫画，故事发生在一个杜撰的非洲神隐之国"瓦坎达"。电影中的非洲和瓦坎达，表面看是一派田园牧歌的悠然图景，其实在大山深处隐藏着一个掌握超级科技的现代王国。漫画和电影暗示，瓦坎达可能位于南苏丹、乌干达、肯尼亚和埃塞俄比亚之间。漫画家对瓦坎达的许多细节刻画，灵感来自非洲的部落文化和绘画艺术。事实上，传统与现代的碰撞也在肯尼亚不断上演，最终造就了一种多元交织的、开放型的区域文化。

第一节　传统工艺古朴神秘

来自肯尼亚古老部落的传统手工艺品数不胜数，甚至成为世界时尚潮流引领者们的重要灵感来源。不管是色彩斑斓的马赛珠，还是神秘的传统面具，或是个性鲜明的黑木雕和肥皂石雕刻，都是肯尼亚传统手工艺独特美学的体现。

一　粗中带细黑木雕

东非木雕最大的特点是粗中带细，整体强调粗犷和简洁，同时对表情和动作又刻画得特别传神。在肯尼亚还是英国殖民地的时候，当时的英国官员和商人就开始收集肯尼亚的木雕制品并将其介绍到西方，引起了欧洲艺术界的关注。据说，以毕加索为代表的欧洲立体主义画派就吸收了很多东非雕刻中的风格和元素。

肯尼亚木雕师从坦桑尼亚的马孔德人，因为缺少文字，马孔德人就用木雕来记录自己部族的历史和文化。他们的作品抽象写意，宗教气息浓郁。而现代的肯尼亚木雕作品以大众化和实用化为主，题材以野生动物或马赛勇士为主。木雕的木材大多为黑木、红木、玫瑰木、杧果木和杂木。其中黑木是非洲特有的树种，黑木雕也是最具非洲特色的传统手工艺品。由于黑木木质坚硬，手工雕刻难度大，要表现出雕刻物品的栩栩如生，要经过选材、打磨、精细雕刻的过程，手工艺人都需要经过多年的严格训练才能做到。上百年来，黑木雕都是手工制作，所以没有两件完全一样的作品。因为黑木生长周期较长，仅有黑木木心才是黑色的，可以用来雕刻，再加上市场需求量不断增大，目前肯尼亚境内的黑木数量已经极为有限，一件精雕细琢的黑木艺术品可能价值上千美元。

马林迪木雕是肯尼亚木雕中的一种流派，在国际上享有很高声誉。这种雕刻技艺注重细节，线条流畅，制作精美，通常以人物、动物或抽象图案作为雕刻造型，具有强烈的立体感和层次感。当地丰富的乌木、桃花心木和红木是马林迪木雕的常用原料。这些原料本身就具有较强的硬度和较好的光泽度，非常适合进行精细雕刻。

二　独特肥皂石雕刻

肥皂石也被称为 "Kissi Stone"，虽然名为肥皂石，但它可不是用来洗手的。这是肯尼亚特有的一种质地非常软的石头，类似滑石。由于材质较软，可以很容易用刀切割成各种造型，肥皂石主要用于制作各种盘子和雕塑。

肥皂石雕刻制品是一种美丽的装饰品，远销欧美国家。所有的工序都是纯手工完成的，是非洲独具特色的传统手工艺术。人们从山上开采出肥皂石后，工匠们通过塑型、打磨清洁、上釉、抛光、雕花、二次抛光、着色等工序，把石头打造成形态万千的摆件。与木雕造型以写实为主的特征不同，肥皂石艺术品以夸张的造型著称。当然，肥皂石工艺品最吸引人的还是它绚丽多彩的颜色和丰富的图案，这种绚丽的风格也是当地马赛人的最爱。

三　多用途编织工艺

肯尼亚当地的各个部族都有传承许久的很生活化的各种编织技术。提篮工艺中的剑麻包是肯尼亚的特产，其大小和色彩随着地区的不同而有所区别。这种剑麻包原本是当地基库尤族妇女的传统日用品，用于买菜、装食物等，现在改良后的剑麻包特意装上了拉链、暗扣和夹子等，有时还会有别致的式样。她们习惯把这种包的带子扣在额头上，将整个包挂在脑后，听说这种背东西的方式比较省力，但是也需要一定的力气才能控制好平衡。

肯尼亚的马赛部落制作珠饰编织的工艺已有数百年的历史。他们以其精湛的串珠手工艺而闻名，能完全用手工编织制作出各种手链、项链、鞋子、纪念性装饰品。数以千计的马赛小彩珠串着贝壳和皮饰，每一件作品都蕴含着马赛族独特的审美和艺术品位。如今，制作并贩卖编织珠饰是很多马赛女孩生活费的重要来源。

四　多样化建筑元素

肯尼亚的建筑，既体现非洲传统部落生活的因地制宜，又有阿拉伯和欧洲风格色彩，还有大量的现代元素，是典型的多元文化融合产物。

在早期的部落社会中，人们使用当地的木材、竹子、土坯和干草搭建简单的房屋。这些房屋通常为圆形或方形，具有简单的结构和功能，能够适应肯尼亚的气候和环境。后来，受阿拉伯文化和斯瓦希里文化的影响，特别是在殖民时期，肯尼亚的建筑形式发生了很大的变化。

在 19 世纪末和 20 世纪初，欧洲殖民者带来了新的建筑风格和技术，在肯尼亚境内建造了很多政府大楼、教堂、学校和居民住宅。这些建筑通常都采用了欧洲的建筑风格，其内部也是欧洲新古典主义或哥特式的装饰风格。

独立以后，肯尼亚开始推进城市化和现代化，这又对当地的建筑产生了深远影响。独立后的肯尼亚现代建筑融合了传统和现代元素，体现了当代建筑设计的潮流和趋势，呈现多样化的建筑风格。许多建筑师和设计师在肯尼亚国内外接受过专业训练，他们的作品展示了肯尼亚文化和创作者的创新才能。

第二节　热情舞蹈快乐旋律

在这片土地上，没有什么烦恼是不能靠跳舞解决的。舞蹈是丰富多彩的肯尼亚文化中最有感染力的那一个。无论男女老少，皆能歌善舞，哪里都是舞台，什么声音都可以是背景音乐。尽管境内族群众多，传承的传统舞蹈也不尽相同，但节奏鲜明、热情奔放是肯尼亚舞蹈的共同魅力。阿杜姆（Adumu）、姆万博科（Mwomboko）、斯库提（Sikuti）是这里最具特色的三种传统舞蹈。

一　取材于生产生活

非洲舞蹈的历史可追溯到六千余年前，那时的非洲人民从生产活动和社会生活中汲取了舞蹈的素材，创造了多样的艺术表现形式，丰富了精神生活。

正因为取材于生活，所以他们的舞蹈受众面很广。在这种环境下长大的肯尼亚人，其骨子里早已刻满了音乐的旋律和舞蹈的律动。不用教、不用学，肯尼亚人随时随地可以起舞。他们可以从荒野部落舞到内罗毕文化中心，也可以从熙熙攘攘的街道舞到隆重正式的国际会场……他们也经常在宗教仪式、婚礼、会议开幕式等场合穿戴精致的服装和面具表演舞蹈。对于他们来说，舞蹈可以诠释一切，既是隆重严肃的，如在国家重大活动或种族庄严仪式上的舞蹈；亦可是大众娱乐的，如在生产生活间歇中的随意起舞。

在殖民时期，人们担心旧非洲会因为帝国主义侵略而消失，更担心自己原来赖以生存的社会文化将消失。因此，为了安抚民众，艺术家们组织音乐课程，发展和记录非洲音乐，保留和传承了非洲传统艺术。

二　跳跃之舞——阿杜姆

传统舞蹈阿杜姆起源于 19 世纪，是马赛人的舞蹈。这是一种非常注重力量美的舞蹈，需要做很多向上跳跃的动作。因此，所谓的阿杜姆，意思就是"向上向上向上"。

马赛人是东非的"战斗民族"，马赛人的舞蹈所要表达的内涵也与马赛人的勇武彪悍相得益彰，需要极大的力量和健康的身体作为基础，以展示马赛战士的强大和勇猛。在一些重要场合，马赛勇士会用红赭石做成的红色颜料在脸上和身上画图案，并戴上五颜六色的串珠项链和披肩，为大家带来传承了数百年的力量之舞。

三　有现代感的姆万博科

姆万博科是基库尤人的一种传统舞蹈，是 20 世纪 30 年代末 40 年代初在肯尼亚中部和南部地区逐步兴起的。为什么说这种舞蹈具有现代感呢？因为它和我们认知中的非洲传统舞蹈不太一样，却和英国狐步舞有点类似。而且，它的配乐也不是来自鼓这样的非洲传统乐器，而是来自笛子、铃铛、手风琴等具有现代感的乐器。

基库尤人的舞蹈与日常生产生活息息相关，尤其在庆祝丰收的时候，人们要载歌载舞，表达对收获的喜悦和庆贺。他们的舞蹈动作通常包括跳跃、挥舞手臂、扭动身体等，还会伴以乐器以增加节奏感。这种舞蹈基因也体现在姆万博科的舞姿中，舞者会随着悠扬的音乐用力地跺脚和有节奏地挥动手臂，有点像西方的交际舞，又不失非洲的野性美。

最开始的时候，姆万博科是一种婚礼舞蹈，主要由新婚夫妇在结婚的时候表演。后来其发展成为一种在重大节庆、仪式和庆典中出现频率非常高的传统舞蹈，现在已经成为肯尼亚的一个舞蹈符号。

四　节奏欢快的斯库提

谈到非洲音乐，映入大多数中国人脑海的一定是那节奏欢快的非洲手鼓。所以，在非洲舞蹈，一定少不了鼓这个灵魂伴侣。

在肯尼亚，当地卢希亚人有一个独特的舞蹈，名为斯库提。它的重要配乐就是用各种大大小小的非洲手鼓演奏的，也被称为"鼓舞"。这个舞蹈不算太老，距今只有不到 60 年的历史，但它实在太欢快了，极具感染力和代入感，能很快把氛围感拉满，所以传播速度快，名气也大。

"鼓是非洲跳动的心脏。"这是卢希亚人之间广为流传的一句老话。所以，表演斯库提的卢希亚舞者会以饱满的情绪，在鼓声和歌声中快节奏起舞，以此演绎心脏跳动般的力量和积极向上的生活态度。正因为蕴含如此深刻的内涵，斯库提才能冲出非洲，走向全世界，受到全世界人民的关注。由于这个舞蹈的传承者年事已高，存在青黄不接的问题，它已于 2014 年被列入濒危非物质文化遗产名录。

除了上述三种传统舞蹈，以剧烈密集的臀部扭动闻名的查喀查喀舞（Chakachaka）、以脚踝上的铃铛为点缀的卡伦金舞、以祈雨和求神保佑为最初内涵的基鲁米舞（Kilumi）等，① 都是肯尼亚具有代表性的传统舞蹈。如果你到肯尼亚，就可以亲身去感受他们独特的舞蹈文化。

第三节　文学艺术诉说历史

连同肯尼亚在内的整个东非地区都曾被认为是文化上的不毛之地。但事实上，肯尼亚有丰富的口头和书面文学作品遗产。口头文学传统依托几种土著语言延续至今，书面文学则诞生于20世纪三四十年代，主要使用英语和斯瓦希里语书写。一部名为《坦布卡的故事》的18世纪史诗，被认为是最早用斯瓦希里语写成的文学作品之一。许多国际知名的作家也在他们出版的作品如《走出非洲》和《锡卡的火焰树》中描述过肯尼亚。

一　代表部落的斯瓦希里诗歌

在肯尼亚，东部沿海地区最早开始出现用斯瓦希里语写作的诗歌，蒙巴萨这个大城市就是当时的诗歌中心。这些早期的诗歌主要分为叙事诗和说理诗两种类别，前者重述英雄人物的辉煌事迹，后者则侧重规范言行和提升素养。其中最有趣的一首叙事诗讲述了一位名叫利昂哥的酋长被敌人关押，后从狱中脱逃的精彩故事。②

这些早期的斯瓦希里语诗歌是当地部落文化的一种表达，曾受到部落人民的大力追捧，当然，其叙事方式和所叙述的内容深受传统文化影响，有其固有的规定格式与韵律。如果诗人想在斯瓦希里语诗歌原有格式上做些改变，哪怕只有一丁点，他也必须先得到当

---

① 曾振鹏、王婷：《肯尼亚多彩的舞蹈文化》，《中国投资》（中英文）2023年第Z2期。

② 朱振武、陆纯艺：《"非洲之心"的崛起——肯尼亚英语文学的斗争之路》，《外国语文》2019年第6期，第36—41页。

地人民的同意。对于大多数诗人而言，一旦选择了使用斯瓦希里语写作，就意味着他将成为部族传统文化的化身，他的创作应服务于部落。①

二 《面向肯尼亚山》开启英语文学先河

在前文的介绍中，《面向肯尼亚山》这本书已经零星地出现过几次，大家应该不陌生。它是肯尼亚国父乔莫·肯雅塔的代表作。肯雅塔有多个身份，除了是民族解放运动的领导者之外，还是一位作家，也是一名人类学学者。因此，这是一部由一个政治家书写的关于肯尼亚基库尤民族传统生活的人类学著作。它不仅在肯尼亚民族独立历史和传统文化研究中很有分量，还是肯尼亚英语文学的开山之作。

肯雅塔曾跟随人类学泰斗马林诺夫斯基学习了两年左右，两人关系十分友好。马林诺夫斯基在人类学方面的研究理论和治学方法对《面向肯尼亚山》的叙事产生了重要影响。②《面向肯尼亚山》出版于1938年，那时候肯尼亚还是英国的殖民地，它也成为西方世界了解肯尼亚的第一部作品。

在《面向肯尼亚山》的封面上，肯雅塔身着部落传统服饰，披着借来的猴皮斗篷，手握一根削尖的长矛，一脸络腮胡子，宛如一位酋长。他要以这样的方式高傲地展示自己民族的传统文化。他以人类学的叙事方式将自己的亲身经历融于作品中，真实记录了记忆中的部族文化，叙述了殖民主义如何颠覆与击碎基库尤人的社会生活，并警醒

---

① 朱振武、陆纯艺:《"非洲之心"的崛起——肯尼亚英语文学的斗争之路》,《外国语文》2019年第6期, 第36—41页。

② 袁俊卿:《东非文学的前夜:〈面向肯尼亚山〉叙事的发生》,《外国文学评论》2020年第4期, 第102—121页。

世人殖民主义实际上是在一步步吞噬传统文化、消解整个国家。[①]在当时的肯尼亚，这本书的出现意义重大。

三 "茅茅运动"激起文学潮

自 20 世纪 50 年代开始，肯尼亚国内的一些大学创办了学生杂志。这些杂志虽然数量不多，但也大大解决了当地作家作品难以发表的难题。在这种文学创作氛围的影响下，越来越多的肯尼亚人投入写作，也出现了很多著名的作品。尤其是在"茅茅运动"等爱国主义运动的影响下，大家的表达欲望被大大激发出来。在民族主义和爱国主义情感的驱使下，肯尼亚作家们希望通过抨击殖民统治，歌颂领袖和英雄，激发人民的爱国情怀和民族自尊心，并借此告诉世界，肯尼亚文学有其深刻的内涵和民族精神。

这一时期的重要作品有恩古吉的《孩子，你别哭》《大河两岸》《一粒麦种》三部曲。他的小说以"茅茅运动"为背景，描绘了不同阶级的矛盾和革命时期的黑暗岁月，也有对独立之后国家发展的思考。这三部作品的问世奠定了恩古吉在肯尼亚文坛上的地位，也让他成为争夺诺贝尔文学奖的一匹黑马。他的作品被翻译成各种语言，我国 1984 年就翻译了他的这个长篇三部曲。

在恩古吉开启重述肯尼亚历史的先河后，约西亚·姆旺吉·凯里尤基的自传《茅茅囚犯》从起义亲历者的视角讲述起义军如何在殖民者的围追堵截下开展革命。这部作品一经出版就在国内外引起了极大的反响，因为作品里第一次公开而大胆地将"茅茅运动"称为一场民族解放运动。此外，还有《两个世界的孩子》《有力的灰烬》《在黎明时出发》等作品也有较为写实的记载，集中体现了肯尼亚人民对殖民主义压迫的不满和对争取民族独立的渴望。

---

① 袁俊卿：《东非文学的前夜：〈面向肯尼亚山〉叙事的发生》，《外国文学评论》2020 年第 4 期，第 102—121 页。

伴随着"茅茅运动"而兴起的文学创作浪潮是肯尼亚人的精神呐喊，在当地文学史上留下了不可磨灭的印记。

四 《蓝花楹之舞》领衔当代文坛

如今的肯尼亚，教育振兴、思想开放，涌现出越来越多能书能写的文坛人士，而且文学作品的表达内容和主题也越来越丰富。若要推荐一本其中的代表作，非《蓝花楹之舞》(*Dance of the Jakaranda*)莫属。

《蓝花楹之舞》——光是标题就足以让人沉醉，而这背后承载的却是肯尼亚历史上一段复杂而深刻的往事。它是当代肯尼亚著名作家彼得·基马尼（Peter Kimani）的代表作，被《纽约时报》列入 2017年必读的 100 本书之一。它以英国殖民者在肯尼亚建造铁路为主线，描绘了参与铁路建设的英国人、印度人、非洲人及其子孙后代所构成的错综交织的历史故事，同时探索肯尼亚社会马赛克般的文化复杂性。[①] 因为此书太精彩，有人评价它"如此有趣、如此敏锐、如此具有颠覆性、如此狡猾"。所以，若要了解肯尼亚历史、了解殖民时期英国人和当地人之间的种种爱恨纠葛，《蓝花楹之舞》是必读之物。

书名《蓝花楹之舞》中的"蓝花楹"指蓝花楹酒店。该酒店原本是英国驻肯尼亚殖民地的行政官伊恩·爱德华·麦克唐纳在 1901年建造的豪宅。1963 年肯尼亚独立后改造为酒店。不过，这本书赋予"蓝花楹"的内涵远不止于此。实际上，蓝花楹这种植物在非洲的种植史与英国殖民统治密切相关。蓝花楹原产地是南美，据说英国人很喜欢蓝花楹，把它从南美引种到所有英国殖民地。所以，它可以算作英国殖民统治的一个符号。这个美丽浪漫的名字下是怎样的历史故事？去读一读就知道了。

---

① 卢敏、童玙霖：《肯尼亚历史小说〈蓝花楹之舞〉的隐喻解读》，《名作欣赏》2021 年第36 期，第 32—35 页。

五　女性作家不容小觑

在肯尼亚的文学世界中，女性作家也是一股不小的力量。格雷斯·奥戈特是她们之中的领军人物。

奥戈特出生于 1930 年，来自肯尼亚中部阿桑博的一个卢奥族家庭。她被认为是东非女性书写的开拓者，在肯尼亚文坛的地位和上文提到的恩古吉相当，也是第一位获得国际关注的肯尼亚女作家。奥戈特的文学启蒙得益于从小就耳濡目染于外祖母和父母所讲述的生动有趣的故事。尤其是她的外祖母，那是个讲故事的高手，不仅能把故事讲得生动有趣，还保留了非洲的口头文学传统。[①] 她在"讲故事、听故事"的氛围中长大，自然而然地对文学产生了浓厚的兴趣。奥戈特的很多部作品，如《希望之乡》《失去雷声的土地》等都将关注点放在了后殖民社会女性矛盾的地位和她们的生活状态上。她用犀利的语言和饱满的情感控诉女性受到的歧视和欺压。

此外，也有女作家将目光聚焦在那些为肯尼亚民族解放运动作出重大贡献的女性身上。穆索尼·戈切加·里奇玛妮的《女性和肯尼亚的茅茅起义》就是这个领域的重要代表。还有一些作品从女性的视角描绘了肯尼亚的生活图景。她们的这些作品塑造了许多独立坚强的女性角色，她们通过作品呼吁男女平等，争取女性权利。

第四节　电影艺术蒸蒸日上

美国有好莱坞，印度有宝莱坞，肯尼亚也有自己的"坞"——河坞。

肯尼亚一直是好莱坞挚爱的电影外景地，它的形象也通过好莱坞电影走向全世界。但你知道吗？肯尼亚自己的电影产业也有不俗的

---

① 苏文雅：《东非女性书写的开拓者——肯尼亚作家格雷斯·奥戈特创作论》，《外国语文研究》2022 年第 3 期，第 22—28 页。

成绩。从电影踏入这片古老大地至今，肯尼亚影业已经走过了将近百年的风雨历程。如今，以河坞为代表的民族特色电影制作基地茁壮成长，肯尼亚电影业也开始慢慢融入国际社会，探索出具有本土特色的多元化题材。

一　从殖民影像开始

早在 20 世纪初，也就是肯尼亚这个地方还被叫作"东非保护地"的时候，来自欧洲的传教士、狩猎者和殖民官员就把电影这个新鲜事物带到了这里。由于肯尼亚景观多样且突出，西方电影人很喜欢在肯尼亚取外景，也造就了非常多的经典电影。仅 20 世纪 30 年代，好莱坞就在肯尼亚取景拍摄了《大探险》（1931）、《非洲假日》（1937）、《斯坦利和利文斯顿》（1939）等影片。到了 20 世纪 50 年代，以《所罗门王的宝藏》（1950）、《乞力马扎罗山的雪》（1952）为代表的影片在国际上大放异彩，让肯尼亚进一步受到了西方电影人的青睐。[1]肯尼亚的风土人情，高原雪山、大湖荒漠等景观也一同受到全世界的关注。

在这些殖民时期电影的制作过程中，本土肯尼亚人参与制作的不多，而且大部分都在充当幕后工作人员的角色。能够参与电影演出的少之又少，而且大都是以奴隶、土著、仆人等形象出现。所以，这一时期的肯尼亚电影并不是真正意义上的肯尼亚电影，只是在肯尼亚这片土地上拍摄的电影。不过，从另一个角度来看，这也的确让参与电影制作的部分肯尼亚人逐渐认识到电影是什么，对肯尼亚电影的发展也有一定推动作用。

二　《走出非洲》，走进肯尼亚

一部电影——《走出非洲》，让无数人憧憬非洲大陆，憧憬走进

---

[1]　张勇、谢晋宇：《新世纪以来肯尼亚电影的发展及其原因》，《北京电影学院学报》2021年第 10 期，第 120—128 页。

肯尼亚。这部根据同名小说改编的电影以肯尼亚为故事背景，讲述了女作家凯伦·布里克森在肯尼亚的山地经营咖啡农场，并与一位在当地捕猎大象的英国贵族产生爱情的动人故事。昂贡火山和东非大裂谷，平原和野生动物，咖啡农场和非洲村落，这些自然和人文景观完美描绘了欧洲殖民者在非洲的生活画卷。《走出非洲》大获成功，获得了 1986 年的奥斯卡最佳影片和最佳导演等奖项，也让欧美导演们看到了肯尼亚美轮美奂的一面。

《走出非洲》大获成功后，英国紧接着推出了两部同样以肯尼亚为背景的电影——《托托厨房》和《白色恶作剧》。此外，还有很多当代著名的好莱坞电影，包括《007：幽灵党》《狮子王》《古墓丽影2》等都曾在肯尼亚取景。另外一个让欧美导演痴迷的肯尼亚主题是野生动物，甚至还产生了一个电影流派——野生动物电影。其中最成功的当属《生来自由》。这部电影讲述了著名的肯尼亚野生动物保护主义者乔治·亚当森夫妇抚养了一只幼狮，后来把这只狮子和她的幼狮放归自然的故事。

当然，还有中国观众熟悉的《动物世界》《人与自然》等纪录片，都在不同人群的脑海中留下了肯尼亚美妙且独特的画面。

三　首部本土电影《面具》

刚独立时的肯尼亚，电影产业几乎为空白，但也成立了肯尼亚电影公司（KFC）和肯尼亚大众传媒学院（KIMC）两家机构来发展本土电影业，前者负责影片发行，后者则负责拍摄和洗印。但出于各种原因，直到 1986 年，肯尼亚真正意义上的第一部本土电影才面世。

这部电影名叫《面具》，讲述的是一个很复杂且深沉的故事。一个赴英国留学的肯尼亚男孩和一个白人女孩相爱并结婚。后来，这个女孩跟着这个男孩来到肯尼亚，她面临的是与自己原生环境截然不同的部落生活。正所谓兰因絮果，美丽的开局未必能够等来一个圆满的收尾。浪漫终究敌不过现实，他们之间的文化鸿沟实在太大，他们的关系也因此出现裂痕，即便非常相爱，两个人也不得不在巨大的文化差异面前低头。

在同一时期，也就是 20 世纪 80 年代，肯尼亚还出现了一批女性电影人。这些受过教育、有思想、有能力的现代女性拍摄了很多女性主题的电影，替那个年代遭受不平等待遇的女性群体呼吁公平。《塞卡提》《艰难抉择》《萨宾娜的遭遇》等作品是其中的代表。

四　"河坞"：肯尼亚的好莱坞

首都内罗毕有一条叫作河街（River Road）的路，汇聚着很多肯尼亚本土青年影像从业者。他们早期主要给外国电影配画外音，方便本地人观看外国电影，还在观影活动中顺带讲解和评论。这些行为都潜移默化地推动本地人了解电影和喜爱电影。后来，他们又将自己的线下讲解画面录制下来，把这些录像出租或出售给那些不能到现场观影的民众，逐渐开辟了一条新的商业路径。[①] 再后来，其中一些才华横溢的年轻人开始尝试拍摄本土影片。肯尼亚本土电影产业就在这样"走一步看一步"的摸索过程中产生了。因为这个自发而成的电影圈子主要汇集在这条河街上，所以人们干脆模仿好莱坞，把这里称作河坞（Riverwood）。"河坞"从小成本粗制滥造发展到现在，已经是东非有影响力的电影工业基地。

五　本土创作不断在突破

我们中国观众很少接触肯尼亚电影，对此知之甚少。不过肯尼亚电影在国际赛场上的成绩可谓相当耀眼。

自从形成规范化、规模化的电影圈和产业后，肯尼亚的本土电影

---

① 张勇、谢晋宇：《新世纪以来肯尼亚电影的发展及其原因》，《北京电影学院学报》2021年第 10 期，第 120—128 页。

取得井喷式发展。大量优秀作品如雨后春笋般涌现，不仅风靡国内，有的还走出国门，在国际电影节大放异彩。其中，科幻电影《呼吸》在 2010 年圣丹斯电影节亮相，超现实题材影片《灵魂男孩》获得了 2010 年非洲国际电影节长片竞赛优胜奖和 2010 年鹿特丹国际电影节观众奖。《寻梦内罗毕》获 2012 年非洲电影节最佳创新奖，这也是肯尼亚有史以来影响力最大的影片之一，影片被肯尼亚选送参加第 85 届奥斯卡金像奖最佳外语片的角逐，让肯尼亚电影进一步走入国际视野。奇幻题材影片《卡蒂卡蒂》获得了 2016 年多伦多国际电影节国际影评人发现奖，还代表肯尼亚参加第 90 届奥斯卡最佳外语片的评比。在 2017 年和 2018 年，连续多部肯尼亚本土电影更是斩获多项国际电影大奖。其中，《朋友》在戛纳、芝加哥、德班、柏林等电影节都获得了不俗成绩。

因为有这些良好的成绩，肯尼亚电影已经不限于个别影片出国参评，而是进入整体商业化发展的阶段。现在，以油管（YouTube）和网飞（Netflix）为代表的网站开始为肯尼亚电影人提供便捷的播放平台。"河坞"在油管网站上设有专门的频道，发布了 1200 余部作品。2020 年，网飞还推出了"非洲制造，世界看见"计划，要将非洲电影人与电影作品推广给全世界观众。在这样的背景下，我们可以好好期待一下肯尼亚电影的明天。

第十二章 不结盟的"等距离"外交

从争取独立到捍卫主权完整，肯尼亚人民付出了沉痛代价，所以格外珍视来之不易的和平。我们从其国歌、宪法和国家发展蓝图中都能感受到它对和平的热爱和对发展的渴望。在外交上，肯尼亚奉行不结盟政策，也积极努力同所有国家保持良好的关系，同所有大国都维系着不错的双边关系。其中，中肯友谊源远流长，中国是肯尼亚当前经济发展的重要合作伙伴，肯尼亚也是共建"一带一路"的重要参与方。

第一节 捍卫独立，睦邻友好

肯尼亚奉行和平、睦邻友好和不结盟的外交政策，积极参与地区和国际事务，大力推动地区政治、经济一体化，反对外来干涉，重视发展同西方及邻国的关系，注意同各国发展经济和贸易关系，开展全方位务实外交，强调外交为经济服务。[①] 在 60 多年的发展历程中，肯尼亚的外交政策不仅帮助肯尼亚和平解决了与邻国的领土争端，还使其获得了更好的发展环境。

---

① 《肯尼亚国家概况》，中华人民共和国外交部网站，http://www.mfa.gov.cn/web/gjhdq 676201/gj676203/fz677316/1206677946/1206x0677948/，最后访问时间：2025 年 2 月 19 日。

一 坚定捍卫独立和领土完整

肯尼亚珍惜来之不易的政治上的独立自主和国家的领土完整。这个国家外交政策的基石就是尊重国际法和联合国宪章，维护国家尊严和主权。如同草原上的雄狮，肯尼亚在国际事务中也展现出强大的毅力和决心，坚决维护国家利益和民族尊严。这种独立的精神也在多个方面得到体现。

作为主权国家，肯尼亚一直坚持独立自主的外交政策，任何外部势力都无法干涉其外交决策。同时，它信守非洲国家独立时边界不可更改的原则，不觊觎别国领土，同时坚决捍卫本国的领土。无论在何种情况下，肯尼亚都不会放弃独立自主的外交政策，也不会在国际事务中甘愿追随他人。

二 坚持睦邻友好政策

非洲大陆的和平与稳定是肯尼亚外交政策的重要方向。肯尼亚深知和平的珍贵，因此它努力协调好与周边国家的外交关系，一直坚持通过和平协商解决任何争端。

自20世纪60年代非洲国家相继独立以来，领土与边界问题便成为困扰这个大陆的主要问题。肯尼亚在独立后的20世纪60年代、80年代和90年代，分别与索马里、乌干达和苏丹等国家发生过领土争端，与乌干达的边境争端甚至一度升级为边境冲突。好在肯尼亚坚持奉行睦邻友好的外交原则，没有将冲突扩大，而是一直坚持用和平谈判的方式解决与各个国家的争端。它的这一坚持也取得了较好的效果。

除了和平解决领土争端，肯尼亚的睦邻友好政策还体现在与其他非洲国家的互帮互助上。在全球，肯尼亚还是穷国，但是在非洲，肯尼亚算是经济方面的"优等生"。因此，无论是在经济、技术还是人道主义援助方面，肯尼亚都尽力帮助自己的邻居。长久以来，这种睦邻友好政策也为其在非洲营造了良好的发展环境。

三　坚持以促进经济发展为目标

肯尼亚的外交不仅要朋友遍地，还以促进本国经济发展为目标，强调外交为经济服务。作为一个发展中国家，肯尼亚深知经济繁荣的重要性。因此，它积极开展对外贸易，吸引外资，扩大国际合作，以推动国家经济的发展。与此同时，肯尼亚也重视对教育和科技的投入，希望通过提升人力资本来推动国家的长期发展。

此外，肯尼亚还明确提出不干涉别国内政，支持非洲的解放、合作和统一事业，积极参与联合国和其他国际事务，主张通过联合国解决国际问题等外交政策。

总的来说，肯尼亚的外交政策是一种深思熟虑的平衡。它既保持自己的独立性，又积极与周边国家保持友好关系，同时还努力推动经济发展。这种外交政策体现了肯尼亚的独立自主性和明智的现实主义，也反映了肯尼亚对非洲大陆和平与发展的深深关切。这种独立自主、友好合作的外交政策为肯尼亚的发展提供了有力支持，使其在非洲乃至世界舞台上发挥着日益重要的作用。

第二节　广交朋友，广纳援助

肯尼亚的外交宗旨是广交朋友。它如同一位热情的东道主，始终张开双臂，迎接来自世界各地的朋友，并凭借其独特的地理位置和丰富的人文历史，成为连接亚洲、欧洲和非洲的桥梁。因此，这个东非国家积极和全世界各个国家搞好关系，也积极同那些重要的国际组织开展密切合作。也因为这样良好的国际环境，它能获得很多援助。这些援助不仅帮助肯尼亚解决了各种发展难题，也为其在国际舞台上赢得了更多的尊重和关注。

第十二章 不结盟的"等距离"外交

一 积极拓展外交足迹

自 1963 年独立以来，肯尼亚一直在探索和发展符合自身战略利益的外交政策。其外交理念和政策受历史影响比较大，也受制于国际环境的变化。因此，肯尼亚始终致力于采取积极措施来利用国际环境、提升自身影响力。例如，它很早就成为非洲统一组织（非洲联盟的前身）的成员，积极维护自决权利和支持非洲的非殖民化。

为了满足其日益增长的全球战略利益，肯尼亚也在不断拓展全球外交足迹。除了与不同国家建立外交关系和构建良好合作关系外，肯尼亚还不断拓展与重要国际组织和国际机构的合作。其中，1972 年是肯尼亚外交史上里程碑式的一年。那一年，联合国将自己的一个总部设在肯尼亚首都内罗毕，肯尼亚也因此成为联合国环境规划署总部的东道国。截至 2024 年，有 15 个联合国系统机构、52 个其他国际组织在肯尼亚设立了总部、地区办事处或代表处。所以，别看肯尼亚名不见经传，它的国际化程度和在国际上的地位可是一点都不低。

最近，肯尼亚积极参与关于可持续发展的全球辩论，特别是在气候变化、海洋和蓝色经济等新兴问题上，希望能够发挥更大的作用。

二 共建东非共同体

肯尼亚与周边国家共同应对地区挑战。无论是共同应对干旱和水资源短缺，还是共同推动地区和平与稳定，肯尼亚始终与邻国携手并进，共谋发展。肯尼亚的外交关系也延伸到了非洲大陆的其他地区。作为非洲联盟的重要成员，肯尼亚积极参与非洲事务，推动非洲大陆的团结与合作。无论是参与解决非洲内部冲突，还是共同应对非洲面临的挑战，肯尼亚始终发挥着积极的作用。以乌干达和坦桑尼亚为例，肯尼亚与这两国相邻，独立前都属英国殖民地，经济上关系很密切。英国人曾建立三地的"共同服务组织"。三国独立后，于 1967 年

183

在该组织基础上正式建立"东非共同体",其下设共同体议会和若干实业公司、银行及研究机构,其中航空公司、邮电公司设在内罗毕,港口和铁路公司设在坦桑尼亚,研究所设在乌干达。但是,出于各种原因,东非共同体于 1977 年解体。经历了一段时间的沉寂后,肯尼亚在 20 世纪 80 年代又逐步恢复了与这两个国家的合作关系并重建了东非共同体。

三 与美国关系密切

从肯尼亚独立之初艰难发展经济开始,美国这个超级大国一直都是肯尼亚寻求援助的对象。美国也给予了这个东非国家很多帮助。1987 年也是美肯友好关系发展的巅峰。虽然此后数年,由于美国涉嫌干涉肯尼亚内政,两国之间发生了摩擦,甚至一度到了要决裂的地步,但"广交朋友"始终是肯尼亚的基本外交思路,所以它们之间的关系到 90 年代末期又逐渐缓和并继续火热。肯尼亚也随之成为第一个参加美国《非洲增长与机遇法案》(African Growth and Opportunity Act,AGOA)①的非洲国家,成为受益国。

到 2025 年,《非洲增长与机遇法案》框架将到期。为了提前确定方案到期后的合作内容,美国和肯尼亚在 2020 年宣布两国正在寻求达成自由贸易协定,希望以此取代《非洲增长与机遇法案》,并为美国与其他非洲国家之间达成类似协议起到典范作用。截至 2023 年 4 月,肯尼亚和美国已经成功完成关于战略贸易和投资伙伴关系(STIP)的第二轮谈判。未来,两国的双边自由贸易谈判还将继续下去。美国也将继续在肯尼亚的教育、卫生和基础设施建设等领域提供

① 美国的《非洲增长与机遇法案》,于 2000 年 10 月 1 日起生效,并于 2015 年更名为《非洲增长与机遇提速法案》(AGOA Acceleration Act)。AGOA 为 48 个撒哈拉沙漠以南非洲国家提供了单方面贸易优惠条件,符合 AGOA 条件的上述国家在 8 年内(法案修改后是 15 年内)可按普惠制(GSP)向美国免税出口 4650 种商品(以后增加至 6450 种商品)。

重要的援助。

当然，关于美国和肯尼亚的密切关系，不得不提的就是美国前总统奥巴马与肯尼亚的不解之缘。奥巴马有一半的肯尼亚血统，他的父亲是肯尼亚卢奥族人。早在1959年，奥巴马的父亲就赴美国留学，是最早到美国学习的肯尼亚留学生。谁也没想到，这个肯尼亚留学生的后代能当选为美国总统。因为奥巴马，位于肯尼亚西部的科盖洛村远近闻名。他的奶奶莎拉·奥巴马和一些亲人也一直生活在那个小村子。美国总统的这个故事为美国和肯尼亚的关系增添了情怀，也被很多肯尼亚人津津乐道。

四　受英国影响很大

从建立"东非保护地"算起，肯尼亚曾受英国殖民统治达68年之久。它在政治、经济、文教、法律等方面受英国的影响很深。肯尼亚首任总统肯雅塔以"亲英"著称，其继任者也都非常用心地维护与英国的关系。英国也往往是肯尼亚新总统上任后的第一个出访国家。

肯尼亚现在虽然已经脱离英国统治，但仍然是英联邦成员国，同英国在政治、经济、文化教育、环境保护等几乎所有领域都保持着密切联系。尤其是在经济上，不论是独立前还是独立后，英国都是这里最重要的投资者，且一度是最大的外国投资者，其经营范围包括金融、制造业、农业、贸易、旅游等各大行业。在贸易关系上，英国一度是肯尼亚最大的贸易伙伴。在很长一段时间，英国是肯尼亚最大的进口来源国和仅次于乌干达的第二大出口对象国。其中，肯尼亚主要从英国进口机械、车辆、药品、电气和电子设备、饮料、纺织品、纸和纸产品等工业产品。肯尼亚则向英国出口鲜切花、新鲜蔬菜、茶叶、咖啡等农产品。

此外，英国还曾是肯尼亚的最大援助国。英国的援助项目涉及土地垦殖、水利、农村发展、交通、卫生、教育、城市住房建筑等方面。20 世纪 90 年代中期以来，英国的援助重点转向小企业发展、金融服务、农业研究、卫生保健（包括艾滋病防治）和城市扶贫等项目。

五　与德国关系匪浅

肯尼亚一独立就和德国建立了外交关系。从那时起，德国就成为肯尼亚最重要的欧洲伙伴之一，也是最大的援助国之一。近 2/3 是以低息贷款或无息贷款形式提供的”这一部分调整为“1963 年以来，肯尼亚一直是德国发展合作的重要伙伴国，德国为与肯尼亚的双边合作提供了总计 25 亿欧元的资金”。[①] 在政治关系上，20 世纪 80 年代末是这两个国家关系最密切的时期。不仅领导层不断互访，德国还向肯提供了巨额援助。1991 年后，因德国不断干涉肯尼亚内政，双方关系冷却下来。但是近年来，他们的关系又得到大幅度改善。

同英国一样，德国主要出口工业产品到肯尼亚。肯尼亚则还是以出口茶叶、鲜花、咖啡等农产品为主。此外，德国还特别支持这个东非国家在可再生能源、数字化、基础设施等领域的发展，并鼓励更多的德国企业投资肯尼亚。例如，2022 年，德国和肯尼亚达成气候与发展伙伴关系，德国政府表示将向肯尼亚提供 1.12 亿欧元资金，帮助其实现 100% 可再生能源和制氢目标。[②] 2023 年 5 月，德国总理朔尔茨在访问肯尼亚期间，提出德国有意扩大与肯尼亚的合作范围，并有意从肯尼亚引进技术工人以弥补国内缺口。

[①] "Development Cooperation with Kenya", German Federal Foreign Department in Kenya, https://nairobi.diplo.de/ke-en/germany-in-kenya/develop-cooperation-1677072?openAccordionId=item-1677080-2-panel, accessed April 16, 2024.

[②] 宋彩萍：《德国向肯尼亚提供 1.12 亿欧元建设可再生能源》，参考消息，2022 年 12 月 13 日，https://baijiahao.baidu.com/s?id=1752087565960335989&wfr=spider&for=pc，最后访问时间：2024 年 4 月 16 日。

六 与法国越来越好

法国是非洲的老牌宗主国,但是它在非洲的外交重点一向是那些法语国家。直到 20 世纪 80 年代中期以后,法国才开始有重点地向非洲的英语国家伸出橄榄枝,肯尼亚就是其中一个目标。这两个国家关系的突破性转变始于 1989 年,时任肯尼亚总统莫伊访问了法国,这算是在政治上正式推动了两国关系。还有一个标志性事件发生在 2019 年,法国总统马克龙正式访问肯尼亚,成为肯尼亚宣告独立以来第一位到访的法国总统。这次访问的意义非常重大,不仅是政治意义上的关系提升,还给两个国家的企业带来了超过 20 亿欧元的订单。

七 受日本援助很多

在亚洲,肯尼亚与许多国家建立了紧密的经济联系,特别是在贸易和投资领域。除中国外,肯尼亚与印度、日本、韩国等国家的友好关系也使得肯尼亚能够从这些国家的援助和投资中获得更多的支持。其中,最具有代表性的国家是日本。

日本和肯尼亚有密切的经济合作关系。20 世纪 70—80 年代,日本一直是肯尼亚举足轻重的援助来源国。在 1991 年至 1997 年,日本跃升为肯尼亚的最大援助国,每年的援助额远超其他国家。在债务方面,日本多年来都是肯尼亚的最大债权国。当然,这两个国家贸易方面的合作也很紧密。日本是肯尼亚的主要贸易伙伴之一,但两国贸易很不平衡,主要还是肯尼亚购买日本产品居多,存在很大逆差。

在日本对肯尼亚的援助过程中,一个标志性事件发生在 2016 年。当时,日本首相安倍晋三出席在肯尼亚内罗毕举行的第六届东京非洲发展国际会议,与肯尼亚总统肯雅塔举行联合新闻发布会。在会上,安倍晋三承诺,日本将在三年内向非洲提供巨额经济援助,其中东京方面承诺投资 100 亿美元用于非洲的基础设施项目，再加上私人领域的投资，预计资金总额将达到 300 亿美元。同时，日本还要对肯尼亚实施 1000 万人次的人才培养计划。如此大手笔的援助，体现出日本对肯尼亚和非洲的重视。

第三节　中肯友谊源远流长

中国和肯尼亚的友谊可以追溯到遥远的过去。600 年前，郑和七下西洋，其中四次抵达肯尼亚。就这样，这一航海壮举成了中肯人民友谊的桥梁。根据考古发现，当时中国的瓷器、丝绸和茶叶就已经通过海上丝绸之路运抵肯尼亚。而今天，肯尼亚是"一带一路"倡议的重要共建国家之一，中非之间的经济和文化交流更加密切。

一　郑和使团曾多次到访

虽然远隔万里，又有太平洋和印度洋阻隔，但中国和肯尼亚的联系古已有之。

肯尼亚有个叫格迪的古城遗址，在这里发现了中国的瓷器碗碟和钱币，其中包括一枚 13 世纪初的中国钱币，说明当年格迪同中国有直接或间接的贸易关系。[①] 有一种说法认为这个古代的格迪就是现在的马林迪。

明朝时期，郑和带领使团七下西洋，其中四次到访肯尼亚，也就是今天肯尼亚沿海的蒙巴萨和马林迪。在福建省福州市长乐区保存的《天妃灵应之记》石碑上，保存着郑和出访马林迪的记事碑文。[②] 事实上，在郑和到那里以前的 1415 年（中国明朝永乐十三年），马林迪

---

① 高晋元:《列国志·肯尼亚》，社会科学文献出版社，2010，第 63 页。
② 陈晶:《东非印象（下）》，《风景名胜》2001 年第 4 期，第 22—25 页。

王就曾派使臣向中国明朝皇帝赠送长颈鹿。以前的中国人没有见过长颈鹿，因其与我国古书中描述的麒麟十分相似，还曾将其误传为"麒麟"。当时，明成祖朱棣感到十分欣喜，还要求宫廷画家创作了一幅《瑞应麒麟图》。1417—1419 年，郑和率船队第 5 次下西洋期间曾到达马林迪，在其第 6 次和第 7 次下西洋期间也有可能再访马林迪和肯尼亚其他城邦。①

二 1963 年正式建交

肯尼亚是 1963 年 12 月 12 日宣布独立的，2 天后，也就是 12 月 14 日就和中国建立了外交关系。在肯尼亚举办独立庆典的时候，中国时任外交部部长陈毅元帅还应邀出席。当时，作为外交部西亚北非司司长的王雨田全程陪同陈毅部长访问肯尼亚。他后来也被任命为我国驻肯尼亚大使馆的首任大使。在当时外交工作人员的努力下，中肯两国在建交初期关系发展很好。但是，此后不久，两国关系受到了一些冲击，出现过一些波折。1967 年 10 月，肯尼亚甚至撤回其驻华使馆人员，还对中国驻肯使馆采取了一系列限制措施。周恩来总理得知后，还特别指示外交部派人在从广州到深圳的火车上找到正准备回国的肯尼亚大使谈话，尽量缓和两国关系。当然，这次风波没有从根本上影响中肯关系，两国依然是彼此非常要好的伙伴。

从建交到现在，中国和肯尼亚之间的高层互访一直非常频繁。肯尼亚的各级政府官员，包括总统、副总统、总理、议长等高层官员都曾多次到访中国，我国高层官员也曾多次对肯尼亚进行访问。近年来，中国更加重视与肯尼亚的合作伙伴关系，出访也更加频繁。

---

① 中国社会科学院西亚非洲研究所《非洲概况》编写组编《非洲概况》，世界知识出版社，1981，第 334—335 页；何芳川、宁骚主编《非洲通史》（古代卷），华东师范大学出版社，1995，第 487—488 页。

三 肯尼亚最大贸易伙伴

肯尼亚是中国在非洲重要的经贸合作伙伴和中非产能合作先行示范国家。

中国和肯尼亚虽然早在 1978 年就签订了贸易协定，但直到 2011 年 3 月才成立双边贸易、投资和经济技术合作联合委员会。此后，双边经贸关系发展非常迅速。

早在 2015 年，我国就已成为肯尼亚第一大贸易伙伴、第一大投资来源国、第一大进口来源国和第一大工程承包方。2022 年，中肯贸易总额达到 85.2 亿美元，同比增长 22.9%。[①] 我国主要出口电子类产品、服装、纱线、钢铁及其制品等，而肯尼亚则主要向我国出口矿砂、农产品、皮革制品等。此外，包括央企、国企和大型民营企业在内的大量中资企业赴肯尼亚投资建厂，涉及工程、制造、服务等多个行业。在数字经济领域，中资企业也在肯尼亚发挥着重要作用。

在旅游领域，截至 2023 年，中国是肯尼亚第六大国际客源市场，占肯尼亚国际游客总数的 5.5% 左右。[②] 随着两国之间交通、签证、出入境服务等更加便利，旅游将全面发挥促进民心相通的积极作用。

四 文化交流进展深入

除了经贸领域，中国与肯尼亚在文化、教育、新闻等领域的合作交流也在不断深入，成果显著。1980 年，两国签署了文化合作协定；1994 年，两国签订了高等教育合作议定书，当时我国向肯尼亚埃格顿大学提供了大量教学科研仪器，并派遣 2 名教师到当地开展交流；

[①] 《2022 年 12 月进出口商品国别（地区）总值表（美元值）》，中华人民共和国海关总署网站，2023 年 1 月 18 日，http://www.customs.gov.cn/customs/302249/zfxxgk/2799825/302274/302277/302276/4807727/index.html，最后访问时间：2023 年 8 月 5 日。

[②] 中华人民共和国驻肯尼亚共和国大使馆经济商务处：《肯尼亚三年来首次接待中国游客》，中华人民共和国商务部网站，2023 年 2 月 13 日，http://ke.mofcom.gov.cn/article/jmxw/202302/20230203393325.shtml，最后访问时间：2023 年 8 月 5 日。

2005年，我国在内罗毕大学建成非洲第一所孔子学院；2008—2015年，我国又先后在肯雅塔大学、埃格顿大学和莫伊大学建立孔子学院，并在内罗毕广播孔子课堂。

除了在肯尼亚创办孔子学院以外，中国也接收很多肯尼亚留学生来华求学。从1982年起，我国政府向肯尼亚留学生提供中国政府奖学金。许多肯尼亚留学生回国后，事业上获得良好发展，成为各行各业的中坚力量。肯尼亚的艺术家和学者也经常访问中国，参加各种文化交流活动。而中国的游客和留学生也越来越多地去往肯尼亚，了解肯尼亚的文化和生活方式。

在传媒领域，肯尼亚是我国主要新闻机构辐射非洲的支点。新华社、中国国际电视台、中国国际广播电台的非洲总部均设在内罗毕。中国国际广播电台首家海外城市调频电台于2006年2月在内罗毕开播，蒙巴萨调频台则在2011年1月开播。[1] 此外，中央电视台非洲分台首选内罗毕作为站点，《中国日报》非洲版也是首先在内罗毕创刊发行。

五 更上一层楼

如今，中国与肯尼亚的友谊已经达到了新的高度。在肯尼亚，你可以看到越来越多的中国元素，如中国建设的道路、桥梁、铁路和电站。同时，肯尼亚的特色产品，如鲜花、咖啡、红茶、水果等，也通过"一带一路"走进了中国人的生活。

在未来，我国和肯尼亚的友谊之花将会继续绽放。双方在政治、经济、文化等各个领域的合作将会进一步扩大。我们愿意与肯尼亚分享发展经验，共同探索适合双方的发展道路，也愿意在力所能及的范围内，为肯尼亚的发展提供更多的支持和帮助。未来，通过双方的努

---

[1] 高慧燃、陈静：《浅谈中国国家形象在肯尼亚的塑造》，《现代传播（中国传媒大学学报）》2012年第12期，第121—123页。

力和共同合作，相信这份友谊将会更加坚固，并为两国的未来发展带
来更加美好的前景。

第四节　维护东非和平稳定的主力

作为一个有 5000 多万人口的国家，肯尼亚有一支训练有素、装
备精良的军队，致力于维护国家主权和地区稳定。论实力，肯尼亚
军队虽然比不上那些大国，但是在东非和中非地区，也算是一支排
得上名号的武装力量。追求军队现代化、提升军事能力是肯尼亚当
前国防发展的重心。肯尼亚军队不仅致力于维护本国国家安全，还
积极参与打击恐怖主义和国际维和任务，是维护地区和平稳定的坚
定力量。

一　总统是军队最高统帅

肯尼亚已经建立了相对精简高效的国防体系。总统兼任国防军总
司令，拥有最高指挥权，是军队的最高统帅。国防军司令部是最高作
战指挥机构，总统通过国防军司令统率全军。国防委员会则是最高军
事决策机构，由国防部部长、国防部常务副部长、国防军司令、陆海
空三军司令等组成。[①]

肯尼亚国防部由一名部长领导，下设陆海空三军司令部，以及
若干专门机构，如军需部、军事情报部等。这种扁平化的组织架构，
使得肯尼亚国防部决策效率相对较高，各部门之间的协调配合也更
加顺畅。

此外，肯尼亚还设有国防大学、国防学院、联合指挥参谋学院

① 《肯尼亚国家概况》，中华人民共和国外交部网站，https://www.fmprc.gov.cn/web/gjhdq_
676201/gj_676203/fz_677316/1206_677946/1206x0_677948/，最后访问时间：2024 年 4
月 8 日。

（JCSC）、肯尼亚军事学院、国际和平支援训练中心（IPSTC）、国防军技术学院、新兵训练学校、步兵学校等军事人才培养机构。

二 海陆空各司其职

肯尼亚军队有现役军人 3.32 万人，其中陆军 2.5 万人，海军 3200人，空军 5000 人。[①] 此外，肯尼亚还有一定数量的准军事部队，能够在必要时投入战斗。他们不仅维护国家安全，还积极参与国际维和行动，为世界和平贡献力量。

肯尼亚陆军负责国家领土的防御和内部安全。它拥有步兵、装甲部队、炮兵和特种部队等多种部队，装备有先进的主战坦克、步兵战车、火炮等武器。肯尼亚陆军部队训练有素，战斗力很强，在维和行动中屡建奇功。空军规模较小，但在领空防御和空中支援方面发挥着关键作用。它拥有战斗机、运输机和直升机等多种飞机。这支空军部队拥有出色的飞行技术，在所在区域优势明显。海军主要负责海岸线和领海的安全，包括打击走私和海盗活动。此外，肯尼亚也有一定数量的特种部队，专门执行反恐、人质救援和特殊行动任务。

三 对外军事合作是常态

肯尼亚与多个国家建立了密切的军事合作关系，以加强国防能力和应对共同的安全挑战。

在非洲，尤其在东非，肯尼亚军队是打击恐怖主义和维护地区安全稳定的重要武装力量。肯尼亚军队被部署在世界各地的维和行动中，包括南苏丹、刚果民主共和国和索马里，展现了其作为国际社会

[①] 《肯尼亚国家概况》，中华人民共和国外交部网站，https://www.fmprc.gov.cn/web/gjhdq_676201/gj_676203/fz_677316/1206_677946/1206x0_677948/，最后访问时间：2024 年 4月 8 日。

一员的责任感。它是东非共同体地区联合部队^①的主力，还是第一个向索马里派遣维和部队的非洲国家。由于恐怖组织索马里青年党长期威胁肯尼亚国家安全，肯尼亚军队自 2011 年以来一直部署在索马里，与非洲联盟驻索马里特派团合作打击青年党。^②

当然，肯尼亚的对外军事合作没有局限在非洲。事实上，它与全球很多大国都有非常密切的军事合作关系，如美国、英国、以色列等发达国家。这些合作关系涵盖联合训练演习、军事援助和情报共享等多个方面。其中，最突出的就是美国，两国一直在军事方面保持着密切合作。美国不仅在肯尼亚设有军事基地，还在反恐、维和以及军事训练方面与肯尼亚合作非常频繁。肯尼亚军人还经常参加美国非洲司令部的许多演习，并在联合国行动中与美军并肩作战。^③作为曾经的宗主国，英国也在肯尼亚设有军事基地，两国有着长期的军事关系，在国防科技和军事训练方面进行合作。此外，中国与肯尼亚在国防装备、军事培训和维和行动方面也有着日益增长的合作。^④

四 在国防上舍得花钱

肯尼亚政府高度重视国防建设，这一点在其不断增加的国防预算中得到了充分体现。例如，肯尼亚在 2023/2024 财年的国防预算高达 22 亿美元，几乎是上一年的 2 倍。这笔钱将分配给肯尼亚国防军

---

① 这是一支由肯尼亚、乌干达、卢旺达、布隆迪和南苏丹组成的多国部队，负责维护该地区的和平与安全。

② ADF STAFF, "New KDF Chief Focused on Modernization," African Defense Forum, September 12, 2023, https://adf-magazine.com/2023/09/new-kdf-chief-focused-on-modernization/, accessed April 8, 2024.

③ Jim Garamone, "U.S., Kenyan Officials Assess Military Relationship," U.S. Department of Defense, May 4, 2022, https://www.defense.gov/News/News-Stories/Article/Article/3020271/us-kenyan-officials-assess-military-relationship/, accessed April 6, 2024.

④ 谢晗、李琰：《中国海军第 33 批护航编队潍坊舰技术停靠肯尼亚蒙巴萨港》，中华人民共和国国防部网站，2019 年 12 月 8 日，http://www.mod.gov.cn/gfbw/jsxd/16157280.html，最后访问时间：2024 年 4 月 8 日。

（KDF）、国家警察局和国家情报局。肯尼亚国防军将获得三笔拨款中最大的一笔，约 10 亿美元。[1]综合来看，肯尼亚政府的国防预算主要用于军队现代化、军队训练与维护、国防科技研发、军事基础设施建设、国际合作与维和行动。

尽管与世界大国相比，这个投入并不算庞大，但相对于其每年300 亿美元左右的总财政支出而言，这已经是相当大的一笔投入了。肯尼亚政府能把这么多资金投入到国防建设上，可见其对国防事业的重视程度。

当然，光有钱还不够，关键是要把钱花在刀刃上。肯尼亚政府在国防预算的使用上也是非常精打细算，非常善于控制开支，同时也非常善于筹集资金。一方面，他们严格控制各个政府部门的开支，尽可能将更多的资金留给国防建设；另一方面，他们积极开展各种筹资活动，包括向国际组织申请贷款和吸引外国投资等。可以说，肯尼亚政府是个"持家"的好手。

五 千方百计追求国防现代化

肯尼亚这几年一直在努力提升国防力量的现代化水平，以有效打击恐怖主义、武器走私和贩毒等新出现的威胁。大家都知道，军队的现代化建设非常"烧钱"，这也是肯尼亚国防预算投入"节节高"的主要原因。

"买买买"是提升军队现代化水平的最快速便捷渠道，肯尼亚也不例外。可能是因为在国际上"人缘"还不错，肯尼亚的军火供应方几乎遍及全球，除了美国外，西班牙、德国、约旦、俄罗斯、南非、

---

[1] "Kenya National Security Budget of Approximately \$2.2 Billion," International Trade Administration, U.S. Department of Commerce, August 18, 2023, https://www.trade.gov/market-intelligence/kenya-national-security-budget-approximately–22–billion, accessed April 8, 2024.

以色列等国家都是它的主要军火来源国。①

当然，光靠进口军火还不能完全实现军队的整体发展。因此，为了减少对进口武器的依赖，这几年肯尼亚一直专注本土国防科技的发展，提升本土军工企业的实力。肯尼亚拥有几家国有的军工企业，如肯尼亚国防工业公司、肯尼亚航空工业公司等，也涌现出了一些民营军工企业，如肯尼亚防务科技公司、肯尼亚军事装备公司等。虽然它们规模不大，也没有像美俄那样雄厚的科研实力，但胜在"小而美"，在支持国家国防和安全需求方面发挥着重要作用。尤其是民营军工企业，凭借灵活的机制和创新的思维，在某些细分领域取得了领先地位。

这些本土军工企业主要专注于装备维护和轻武器弹药制造，其生产的"肯尼亚突击步枪"就以可靠性和耐用性而闻名。此外，本土军工也参与到一些高科技军事项目的研发中。例如，在无人机技术研发方面，他们不仅采购了一批先进的无人机，还与以色列合作开发了"塔拉法"防空系统；在新型武器装备方面，肯尼亚军工企业也自主研发新型主战坦克、反坦克导弹等；此外，肯尼亚在网络安全、人工智能、军事医疗等方面也有一定的投入和成果，也在探索氢电和电动飞机等新兴技术。

虽然与发达国家相比还有一定差距，但肯尼亚正在不断缩小这一差距，争取早日成为非洲地区的军事科技强国之一。

六　趣闻冷知识

肯尼亚军人有个小绰号，他们被当地人亲切地称为"杜杜"，意为"士兵"。这个绰号源自斯瓦希里语单词"duru"，意为"站立"。

---

① "Kenya Boosts China Ties with Sh7.9bn Arms Purchase Deal," Business Daily, February 14, 2016, https://www.businessdailyafrica.com/bd/economy/kenya-boosts-china-ties-with-sh7–9bn-arms-purchase-deal–2108412, accessed April 8, 2024.

　　肯尼亚总统的警卫队被称为“肯尼亚步兵卫队”。他们以其鲜艳的制服和高超的步操而闻名。

　　肯尼亚军队的吉祥物是一只名叫“辛巴”的狮子，代表着军队的勇气、力量和决心。所以，很多人也把肯尼亚军队比喻为雄狮。

　　肯尼亚国防军拥有一个备受赞誉的军乐队，经常在国内外演出。该乐队以其对传统和现代音乐的精彩演绎而闻名。

　　肯尼亚是少数几个允许女性在所有军事职业中服役的非洲国家之一。肯尼亚女兵在维和行动和反恐行动中发挥着重要作用。

　　肯尼亚国防军拥有自己的航空公司，负责为部队提供运输和后勤支持。不仅如此，肯尼亚国防军还参与国内民生保障和经济建设，例如经营肉类生产和修复铁路、港口等基础设施。尽管这些不是传统的军事任务，但军方领导人认为，国家需要国防军的人力和专业知识。[①]

---

① ADF STAFF, "From Meat to Railways: KDF Lends Hand on Development," African Defense Forum, May 10, 2022, https://adf-magazine.com/2022/04/from-meat-to-railways-kdf-lends-hand-on-development/, accessed April 8, 2024.

参考文献

一 中文文献

陈令霞、张静芬：《东非三国——肯尼亚、乌干达、坦桑尼亚：缔造民族国家的里程》，四川人民出版社，2002。

高晋元：《列国志·肯尼亚》，社会科学文献出版社，2010。

何芳川、宁骚主编《非洲通史》（古代卷），华东师范大学出版社，1995。

〔日〕松园万龟雄、绳田浩志、石田慎一郎编著《非洲的人类开发——实践与文化人类学》，金稀玉译，浙江工商大学出版社，2018。

宋微主编《世界主要政党规章制度文献：肯尼亚》，中央编译出版社，2015。

赵军：《东非共同体与地区安全秩序》，浙江工商大学出版社，2019。

中国社会科学院西亚非洲研究所《非洲概况》编写组编《非洲概况》，世界知识出版社，1981。

周倩：《当代肯尼亚国家发展进程》，世界知识出版社，2012。

〔英〕丹尼尔·布兰奇：《肯尼亚》，李鹏涛译，中国社会科学出版社，2017。

〔英〕杰里米·默里-布朗：《肯雅塔》，史宙译，上海人民出版社，1976。

〔英〕亚德哈罗南德·芬恩：《跑出肯尼亚》，沈慧译，四川人民出版社，2015。

商务部国际贸易经济合作研究院、中国驻肯尼亚大使馆经济商务处、商务部对外投资和经济合作司:《对外投资合作国别(地区)指南:肯尼亚》(2022 年版)。

商务部国际贸易经济合作研究院、中国驻肯尼亚大使馆经济商务处、商务部对外投资和经济合作司:《对外投资合作国别(地区)指南:肯尼亚》(2023 年版)。

张勇、谢晋宇:《新世纪以来肯尼亚电影的发展及其原因》,《北京电影学院学报》2021 年第 10 期。

中国进出口银行国别研究课题组、桑晨:《肯尼亚国别概况与重点合作领域》,《海外投资与出口信贷》2022 年第 1 期。

李岩:《肯尼亚茶业百年历程及影响研究》,《世界农业》2019 年第 11 期。

朱振武、陆纯艺:《"非洲之心"的崛起——肯尼亚英语文学的斗争之路》,《外国语文》2019 年第 6 期。

二　中文网络文献

《境外法规——肯尼亚》,中华人民共和国商务部网站,http://policy. mofcom.gov.cn/page/nation/Kenya.html。

《肯尼亚国家概况》,中华人民共和国外交部网站,https://www.mfa. gov. cn/web/gjhdq_676201/gj_676203/fz_677316/1206_677946/1206x0_677948/。

《肯尼亚》,世界银行网站,https://data.worldbank.org.cn/country/kenya? view=chart。

《巡游 Safari》,肯尼亚旅游局中文网站,http://www.magicalkenya.net. cn/index.php?optionid=970。

三　英文文献

Presley Cora Ann, *Kikuyu Women, the Mau Mau Rebellion, and Social*

Change in Kenya, Taylor and Francis, 2019.

Haugerud Angelique, *the Culture of Politics in Modern Kenya*, 1995.

Derbyshire F. S., *Remembering Turkana: Material Histories and Contemporary Livelihoods in North-Western Kenya*, Taylor and Francis, 2020.

Paul G. M., *Ethno-erotic Economies: Sexuality, Money, and Belonging in Kenya*, University of Chicago Press, 2020.

Mati Jacob Mwathi, *Political Protest in Contemporary Kenya: Change and Continuities*, Taylor and Francis, 2020.

Kimani N., *Cultural Production and Change in Kenya: Building Bridges*, African Books Collective, 2008.

Arye O., *Islam and Politics in Kenya*, Lynne Rienner Publishers, 2000.

Dilley R. M., *British Policy in Kenya Colony (1937)*, Taylor and Francis, 2021.

Macharia Alice Wambui, *Rights of the Child, Mothers and Sentencing: The Case of Kenya*, Taylor and Francis, 2021.

Kibui Agnes W., "*Language Policy in Kenya and the New Constitution for Vision 2030,*" International Journal of Educational Science and Research (IJESR), Vol. 4, Issue 5, 2014.

Miguel Edward, M. K. Gugerty, "*Ethnic Diversity, Social Sanctions, and Public Goods in Kenya,*" Journal of Public Economics, 2005.

Daly Richard, "*A History of Kenya Film: the Evolving Image of the African,*" Africa in Motion Pictures--Kenya, 2011.

四　英文网络文献

Huawei, UNESCO, "ICT Talent Cultivation for Kenya's Digital Economy (2021)," p.3,https://www-file.huawei.com/-/media/corporate/local-site/ke/pdf/ict-talent-cultivation-for-kenyas-digital-economy-whitepaper.pdf.

IFC Project Information & Portal, "Bridge International Academies," International Finance Corporation, March 9, 2022, https://disclosures.ifc. org/project-detail/SII/32171/bridge-international-academies.

"Kenya National Security Budget of Approximately $2.2 Billion," International Trade Administration, U.S. Department of Commerce, August 18, 2023, https://www.trade.gov/market-intelligence/kenyanational-security-budget-approximately-22-billion.

Ministry of Information, Communications and Technology, Kenya, "National Information, Communications and Technology (ICT) Policy[R/OL]," November 1, 2019, https://www.ict.go.ke/wp-content/uploads/2019/12/NATIONAL-ICT-POLICY-2019.pdf.

The International Trade Administration, "Kenya-Country Commercial Guide," Agribusiness, USDOC, August 19, 2022, https://www.trade. gov/country-commercial-guides/kenya-agribusiness.

"Kenya," World Bank, https://data.worldbank.org/country/kenya? view= chart.

World Health Organization Global Health Expenditure Database, "Current health expenditure (% of GDP)–Kenya," World Bank, April 7, 2023, https://data.worldbank.org/indicator/SH.XPD.CHEX.GD.ZS?locations=KE.

"Coffee in Kenya Trade," The Observatory of Economic Complexity, https://oec.world/en/profile/bilateral-product/coffee/reporter/ken.

后　记

　　本书是云南省社会科学院、中国（昆明）南亚东南亚研究院"区域国别研究·通识系列"丛书之一，得到国际关系学科建设经费资助。

　　作为肯尼亚现阶段国情的介绍书籍，本书涉及面广，不少是国内研究所未涉足的领域。为此，笔者广泛收集资料，参考官方资料和数据，力求翔实、准确和尽可能及时。书中很多资料引用了中国外交部和商务部网站的信息，在此表示诚挚的感谢。

　　本书是团队共同努力的成果，多人参与了资料收集和撰写。李鑫主持全书的编写工作，负责提纲的拟定和全书的统稿。各章撰写人分别为：第一章李思瑾、李鑫，第二章林海仪、李鑫，第三章李鑫、师艳红，第四章张灿，第五章苏昱、李鑫，第六章程敏、李鑫，第七章李鑫、杨再山，第八章李鑫，第九章杨再山，第十章郭穗彦、李鑫，第十一章师艳红、李鑫，第十二章郑媛、李鑫。在此，谨向各位撰稿人表示衷心的感谢！与此同时，感谢现居肯尼亚的朱新福先生提供照片，感谢杨梦先生在照片收集过程中的倾力相助。

　　编写过程中，我们坚持以事实为基础，重点突出普及性和可读性，对肯尼亚的国情概况进行了简明扼要的介绍，但限于撰稿和编辑水平，书中难免存在不足之处，恳请读者批评指正。

编著者

2024 年 6 月

图书在版编目（CIP）数据

肯尼亚：赤道与裂谷交织的奇妙之地 / 李鑫等编著．
北京：社会科学文献出版社，2025.6. --（区域国别
研究）. -- ISBN 978-7-5228-4999-7

Ⅰ. K942.4

中国国家版本馆 CIP 数据核字第 20251T8W23 号

区域国别研究·通识系列

肯尼亚：赤道与裂谷交织的奇妙之地

编　　著 / 李　鑫 等

出 版 人 / 冀祥德
责任编辑 / 宋　祺　宋琬莹
文稿编辑 / 徐成志
责任印制 / 岳　阳

出　　　版 / 社会科学文献出版社·区域国别学分社（010）59367078
　　　　　　地址：北京市北三环中路甲29号院华龙大厦　邮编：100029
　　　　　　网址：www.ssap.com.cn
发　　　行 / 社会科学文献出版社（010）59367028
印　　　装 / 三河市龙林印务有限公司

规　　　格 / 开　本：787mm×1092mm　1/16
　　　　　　印　张：14.5　插　页：0.75　字　数：183千字
版　　　次 / 2025年6月第1版　2025年6月第1次印刷
书　　　号 / ISBN 978-7-5228-4999-7
定　　　价 / 89.00元

读者服务电话：4008918866